中国人名小辞典

盘古から章子怡まで

前書きに代えて－少し長い姓の話

　クイズです。以下の人名がどんな人であるか、簡単に答えてください。

　1．阿斗　2．班超　3蔡倫　4．曹雪芹　5．貂蝉　6．鄧麗君　7．馮道　8．顧愷之　9．何仙姑　10．洪武帝　11．金庸　12．李時珍　13．梁山伯　14．林黛玉　15．呂洞賓　16．孟姜女　17．乾隆帝　18．太上老君　19．王昭君　20．武大郎

　如何ですか、6割以上できた方は、かなりの中国通でしょう。8割以上の方は、この本を読む必要はないでしょう。

　それはさておき、中国では「うそをついたら姓を変えるよ」（改姓）というような一種の誓いの言葉があります。

　こんな「姓」にまつわる言葉を、ご紹介しますと、

　日本の時代劇映画に相当する「武侠電影」では、仮に「張」という男が、仇を討つのをやめたような場合には、「おれはもう張という姓はやめだ」（我不姓張了　おれは張という人間に値しない）というせりふがでてきます。

　それから中国語には、「五百年前是一家」とよく使われる言葉もあります。これは「同姓のものは、500年前は同じ一家である」ということ。

　以上のように、どうして、こんな言葉があるかと言いますと、中国には、日本の鈴木、加藤、伊藤のように、よく使われる姓に、五大姓というのがあって、それは「王、張、李、

趙、劉」という姓です。この五つの姓の人の数だけで、日本の総人口の２倍以上と言われています（ただし、台湾では「陳」姓が一番多いようです）。そんなことで、同姓の人に出会う確率はかなり多くなります。そして改姓をしませんから血筋は続くのです。

　まだ、他にも（易姓革命　えきせいかくめい）という言葉もあります。これは、

　「中国古来の政治思想で、天子は天命を受けて国家を統治しているから、天子の徳が衰えれば天命もあらたまり、有徳者（他姓の人）が新たに王朝を創始する（大辞泉）」というものです。

　如何ですか。以上ような話からもお分かりのように、どうやら中国人にとって、「姓」には日本人とは比較にならない特別の意味があるようです。

　ここで、話し変わって、以下は私の体験談です。

　その一

　ある時「田（でん）」という人に会いましたので「田漢（でんかん）の田さんですね」とやりました。その人は「あの人は分家の出身で、私は本家の田です」と流暢な日本語で言われてしまいました（「田漢」については本文 98 頁参照）。

　その二

　「黄」さんという人に会ったときのことです。私はうっかり「黄色の黄さんですね」とやってしまいました。案の定、その人は少し嫌な顔をしました。その理由は、以下の辞書の説明を。

「黄色」

①黄色（の）、赤みがかった黄色まで含む。

②扇情的である、わいせつである、腐敗凋落している。「黄色電影」ブルーフィルム、ポルノ映画、ピンク映画（以上、中日大辞典）

　ということで、これでは、黄色の黄さんと言われてニコニコできる訳ありません。

　その三

　その後、ある宴席で別の黄さんに会いました。今度は前の失敗があったので「黄帝（ホワンデイ）の黄さんですね」とやりました。するとその人は、赤い酔顔で上機嫌に「そう、だから今ここにいる人、皆んな僕の家来」と言って、呵呵大笑しました。この黄帝については48頁を。

　その四

　「秦（しん）」さんという人に会ったときです。その人は名刺を出しながら「私はこんな姓で恥ずかしい」と、真顔で言われました。ここで、この意味が分かる人は、かなりの中国通でしょう。本文85頁をお読み下さい。

　その五

　今度は、宴席で「余（よ）」という人に会ったときのことです。私は「貴方はきっとお金持でしょう」と冗談まじりに言いました。するとその人には「余裕の無い余ですよ」と見事な日本語で一本取られてしまいました。

　ここで「余」について説明しますと、

　中国で宴会などで、お客様をもてなす際に、料理に不足を

きたしては、それこそ、中国人が大事にしている面子を失うことになります。だから、余るくらいに料理を出して、お客が残すことによって、十二分であることが分かります。お皿がきれいになっていては、足りなかったのではないか、ということになりかねません。だから料理は、少し残すのがマナーであるという説もあります。それから中国料理では、コースの最後の方に魚料理が出るのも「魚」の発音が「余」と同一だからという考え方もあります。

ただし、現在の習近平国家主席が打ち出した「ぜいたく禁止令」による「不剰菜、不剰飯」（おかずもご飯も残さない）のスローガンで、食べきれない料理を提供する習慣は変わるかもしれません。

中国人と最初の挨拶の「你好（ニイハオ）」は、誰でも知っていますが、以上の話から、相手の「姓」一つで、コミュニケーションが図れることも知っていただけたでしょうか。

それから、中国人の姓は、ほとんどが一字姓「単姓」です。だから中国人同士の初対面の挨拶でも、自分の姓を正確に相手に伝えるために、「我姓曹、曹操的曹」すなわち「私は曹と申します。曹操の曹です」のような説明をよくします。

そんなことから、中国人の主な「姓」を憶えることとプラス、中国の歴史や常識を知って頂けたらと、このような古代から現代までの人名辞典を書くことと致しました。

なお、日本語読みによる人名索引と、年代順による人名索引を巻末につけましたので、合わせてご利用ください。

おことわり

　人物の選択と解説に当たっては、主に以下の書籍と新聞、トランプを参考にしました。ここに謝辞を述べます。

小学生百科詞典	北京大学出版社
中国波潤史上 100 選人物編	広西人民出版社
中国古代詩トランプ	
中国歴代帝王トランプ	
東方中国語辞典	東方書店
中日辞典	小学館
大辞泉	小学館
ブリタニカ国際大百科事典	ブリタニカ・ジャパン
世界人名大辞典	岩波書店
中国人物史 100 話	立風書房
漢詩漢文小百科	大修館書店
中国語学習ハンドブック	大修館書店
日中友好新聞	日本中国友好協会

(注)中国百科検定

日本中国友好協会の主催で、2014 年から実施されている。中国語の能力ではなく、歴史・地理・政治・経済・社会・文化・教育・スポーツなど中国に関しての多方面の知識を問う検定試験。 1 級から 3 級まである（8 頁その他）。

阿斗 ā dǒu （207−271）

　阿斗（あと）、三国時代の蜀の君主「劉備（161−223）」の子で、後に帝位を継いだ劉禅の幼名。母親が懐妊したとき、北斗七星の夢を見たため、阿斗と呼ばれたという立派な名前なのに凡庸で蜀を亡ぼした者とされる。

　「楽不思蜀 lè bù sī shǔ」楽しんでいて故郷に帰るのを忘れること、の成語にまでになっている。

　「語源」蜀が亡んだ後、劉禅一族郎党は、洛陽に住居を与えられた。ある日、司馬昭が劉禅一行に、蜀の芸人達を呼んで宴を行った。その席で皆は蜀を思い出して涙を流すのだが、劉禅一人は楽しんでいて、「故郷を思い出すことはない」と司馬昭に答えたことから。現在は「楽しさのあまり帰るのを忘れる」意味で使われる。だから、中国旅行中に旅の印象を聞かれたら、この「楽不思蜀」を紙に書いて、中国人をびっくりさせてください。

阿凡提 ā fán tí

　エペンディ。ウイグル、カザフ等の少数民族に伝わるとんち物語の主人公の名前。機知やユーモア、正義に富み、広く人気がある。中国以外でもトルコ系民族の間に広く伝承されている。我が国の一休さんやきっちょむ（吉四六）に相当。

阿 Q ā qiū または ā kiū

阿Q、1921 年に発表された魯迅の小説「阿Q正伝」の主人公。ひたすら現実を逃避する植民地的な奴隷根性に毒された人物で、屈辱を受けても現実を逃避して戦わず、自分が勝っている空想を巡らせて、自ら勝っているという「精神勝利法」の典型を「阿Q精神」と言う。

阿 诗玛 ā shī mà

アシマ、雲南省サニ民族の長編叙事詩の女主人公。美しい聡明な娘アシマが大家の息子に結婚を強要され、恋人阿黒との仲を裂かれそうになる。1964 年に音楽映画となった。

艾青 ài qīng (1910—1996)

艾青(がいせい)、現代詩人。1957 年、右派として共産党を除名される。79 年に復活。代表詩集「大堰河(だいえんが)」。

爱新觉罗溥仪 ài xīn jué luó pǔ yí (1906—1967)

愛新覚羅溥儀（あいしんかくらふぎ）、清朝最後の宣統帝。ラストエンペラー。辛亥革命で退位。32年満州国執政、34年皇帝、45年ソ連軍に逮捕、46年東京裁判に出廷、50年戦犯として中国側に引き渡し、59年特赦。

安 禄 山 ān lù shān （705−757）

あんろくさん、唐の玄宗のときの叛臣。異民族出身（胡人）であったが、玄宗に重用され、范陽（はんよう、今の河北省内）や河東（今の山西省内）の節度使（辺境地方の軍事行政の長官）となった。天宝14年（755）乱を起こして都の長安に迫り、大燕皇帝と自称したが、至徳2年（757）病から狂暴となり、子の安慶緒（あんけいしょ）に殺された。「安史の乱」と呼ばれる。

巴 金 bā jīn （1904−2005）

パキン、小説家。本名は「李尭棠（りぎょうとう）」。筆名はパクニーンとクロポトキンからとったといわれる。フランス留学後、上海で文学活動に従事、作品「滅亡」「激流三部曲」ほか。文化大革命では一時失脚。76年に名誉回復。

白 毛 女 bái máo nǚ

白毛女(はくもうじょ)、歌劇バレエ「白毛女」の女主人公
「喜儿」。悪徳地主黄世仁の迫害を避ける３年間の洞窟暮らし
の間に白髪となるが、八路軍に入った許嫁(いいなずけ)に救
われる。文化大革命中は盛んに上演された。この劇中歌「北
風吹、北風吹いて」が、長くＮＨＫ中国語講座のテーマ音楽
として使われた。

白 居易 bái jū yì （772－846）

はっきょい、「白楽天(はくらくてん)」は字(あざな)。中唐
期の詩人。山東省の人、800 年、進士に合格「新学府」など平
易流暢な詩でもてはやされた。日本の平安文学に大きな影響
を与えた。「長恨歌」「売炭翁」「琵琶行」の詩は特に有名。李
白、杜甫、韓愈とともに「李杜韓白」と並称された。元稹とも親しかったことでも知られる。
　「香炉峰の雪いかならん」の枕草子 280 段も白居易の詩が
下敷きとなっている。中国百科検定出題。

白 求恩 bái qiú ēn （1890－1939）

ノーマン、ベチューン。カナダ人の医師、中国の解放区で
医療に従事。毛沢東が「紀念白求恩」としてその精神をたた
えた。文革中は「老三篇」の一つとして必修だった。

班超 bān chāo (32−102)

　はんちょう、後漢の武将。扶風平陵(今の陝西省せんせいしょう)の人、次項の班固の弟。西城に派遣されて諸国を服従させ、西城都護となり、定遠侯に封じられた。のち、洛陽に帰って病死。「投笔从戎」の成語の主としても有名であり、中国では、シルクロードを守った人としても有名(「投笔从戎　toubicongrong」筆を投じて従軍する。文人が軍人となる。「戎」は武器、兵器、転じて軍隊)。

　この班超が鄯善(ぜんぜん)国(もとの楼蘭)を訪れたとき、始めは国王が一行を手厚くもてなしたが、たまたま匈奴の使者が訪れると、急に態度が冷たくなった。そこで班超は部下を集め「虎穴に入らずんば虎子を得ず」と言って、夜陰に乗じて、圧倒的多数の匈奴の使者一行を襲い、皆殺しにした。この知らせに鄯善王は震えあがり、漢に服した。この故事もよく知られている。

班固 bān gù (32−92)

　はんこ、後漢の学者。班超(前項)、班昭の兄。父の志を継ぎ「漢書」を編述したが未完のまま獄死。妹の班昭が完成させた。

　司馬遷と共に「馬班」と称される。

包拯 bāo zhěng （999−1062）

　包拯（ほうじょう）、宋代（北宋）の名裁判官。「関羽」を尊敬をこめて「関公」と呼ぶのと同様に「包公」（バオコン）と呼ばれ、今なお庶民に絶大な人気がある。

　この包公は28歳で進士（科挙の最終試験に合格した人）となり、公正な法を施行した人として有名で、日本の大岡越前守の「大岡政談」の元ネタになっているとも言われている。陳世美（20頁参照）。

鮑叔牙 bào shū yá　生没年未詳

　ほうしゅくが、春秋時代の斉の政治家。斉の桓公の覇道を達成させた。「管鮑の交わり」の故事で知られる。

　「鮑」という姓の人に会ったときに、「あわびの鮑さんですね」という、気の利かない会話をした記憶がある。なお、中国語でも「管鮑之交 guǎn bào zhī jiāo」と言う。

　参考　貧交行　　杜甫

　手を翻（ひるがえ）せば雲となり

　手を覆（おお）えば雨

　粉々たる軽薄

　何ぞ数うるを須（もち）いん

　君見ずや　管鮑貧時の交わり

此の道今人（いまびと）棄てて土の如し

毕昇 bì shēng　生没年未詳

畢昇（ひっしょう）、北宋時代（960-1126）の人。活版印刷術を発明したとされる。中国ではこれを四大発明（他に製紙、火薬、羅針盤）の一つとして学校でも教えている。蔡倫の項（13頁参照）。

扁鹊 biǎn què　（前401－前310）

へんじゃく、中国戦国時代の伝説的名医。今の河北省の人。死んだ者を生き返らせるとまで言われ、あまりの医術の手腕をねたまれて、秦の宮廷医師に殺されたと言われている。

伯夷，叔齐 bó yí, shū qí　共に生没年不詳

はくい，しゅくせい、殷末周初の伝説上の２人の人物。国君の後継者として地位を弟の叔斉と譲りあってともに国を去り、周に行った。のち周の武王が暴虐な紂王を征伐したとき、臣が君を弑（しい）するのは人の道に反するといさめたが聞かれず、首楊山に隠れ、やがて餓死したと伝えられる。清廉な

人間の代表とされる。

（注）「弑　しい」とは、臣下が主君を、子が親を、自分の下の者が上の者を殺すこと。

蔡 伦 cài lún （?−107?）

蔡倫（さいりん）、後漢の宦官。樹皮や布などを原料として製紙技術を開発したと伝えられている。中国では四大発明の一つとして教えている。しかし、実際には前漢早期の墳墓から地図が描かれた紙が出土しており、紙の発明は蔡の時代より古いと考えられる。彼の作った紙は「蔡侯紙」とよばれた。

蔡 英文 cài yīng wén （1956−　）

さいえいぶん、台北市生まれ。台湾初の女性総統。台湾大学卒業。90 年代に李登輝政権で経済や対中政策のブレーン。民進党主席として12年、総統選に出馬。国民党馬英九に敗れ、16 年 1 月に初当選。

蔡 元培 cài yuán péi （1868−1940）

さいげんぱい、近代の思想家、教育家。ドイツ留学し辛

亥革命後、1917年北京大学学長に就任、五四新文化運動の育ての親で清末の革命運動でも活躍。32年宋慶齢、魯迅らとともに中国民権保証同盟を設立、反動政治に対抗した。

仓颉 c̄ang jié

蒼頡（そうけつ、またはそうきつ）。中国古代の伝説上の人物。黄帝の史官で、目が四つあったともされる。鳥の足跡から鳥の種類が分かることにより、漢字を創造したとされる。

曹操 c̄áo c̄ao （155−220）

そうそう、三国時代の武将。魏の始祖。安徽省の人。あざなは孟徳。後漢末、黄巾の乱の鎮圧を機に勢力を伸ばし、中国北部を統一。南下を試みたが、赤壁の戦いに敗れた。呉の孫権、蜀の劉備とともに天下を三分した。魏王となり、死後、武帝と追尊された。

兵法に通じ、音楽を好み、詩人としても有名。「老驥伏櫪ろうきふくれき、老驥千里を思う」は彼の詩から。

そして、この言葉は1963年元総理の石橋湛山が北京に訪問したとき、毛沢東がこの詩を揮毫して贈ったことから、日本でも有名となった。

また「説曹操、曹操就到」すなわち、曹操のことをしゃべ

ると、曹操が来るとも言い、「うわさをすれば影」に相当する
諺となっている。

曹冲 cáo chōng （195？－208）

　そうちゅう、曹操の息子。幼い頃から才知にあふれ、大人
をしのぐ知恵者ぶりを発揮したが、13歳で夭折（ようせつ）。
称象（象の体重を測る）の故事で有名。
　（注）象をまず小舟に乗せて、その時の喫水線を測り、次に
石ころを積んで同じ喫水線まで積みこみ、その石ころの重さ
を一つ一つ測って、その合計で象の目方とした。

曹国舅 cáo guó jiù

　曹国舅（そうこくきゅう）、八仙の一人。宋の曹皇后の弟と
される。自分の弟が無法を働くので、何度も諫めたが聞き入
れられなかったので、権勢に頼るのは危ういと悟り隠遁し修
業を積む。官服をまとい、柄杓（ひしゃく）を持っている。貴
族風の姿で表されることが多い。
　参考　八仙
　中国に伝承される8人の仙人。鐘離権、張果老、韓湘子、
李鉄拐、曹国舅、呂洞賓、藍采和、何仙姑を言う。民間伝承
で親しまれ、画題となっている。めでたいものとして、飲食

店などに飾られていることも多い。

曹丕 cáo pī （187—226）

　そうひ、三国時代の魏の初代皇帝、曹操の長子。父の跡を継いで魏王となり、後漢の献帝の禅譲によって帝位につき、洛陽を都に定め、国号を魏と号した。文学を好み、「文章は経国の大業にして、不朽の盛事なり」という言葉を残した。

曹松 cáo sōng （830?—901）

　そうしょう、晩唐の詩人。黄巣の乱で無名の兵士や民衆の犠牲をみて「一将功成って、万骨枯る」の結句で有名。

曹雪芹 cáo xuě qín （約 1715—1763 頃）

　そうせっきん、清の小説家。満州貴族の出身で、南京の名門に生まれたが、少年時代に没落。晩年、貧困のうちに小説「紅楼夢」の執筆に没頭したが、未完のまま病没。全巻 120回のうち初めの 80 回までが曹雪芹で、あとの 40 回は高鶚（こうがく）の作とされる。

　賈宝玉、林黛玉（51 頁 64 頁参照）らの登場人物まで有名。中

国のシェークスピア、バルザック、トルストイとまで言われる。「紅楼夢」の研究は「紅学」とよばれている。

曹禺 cáo yǔ (1910—1996)

そうぐう、現代の劇作家。清華大学在学中の1934年、処女作「雷雨」で注目される。建国後、北京人民芸術劇院院長などを歴任。

曹植 cáo zhí (192—232)

そうち、曹操の第三子。五言詩にすぐれた。兄の曹丕(そうひ)の命令で兄が七歩あるく間に兄弟の不仲を嘆く詩を作ったことから「七歩の才しちほのさい」(作詩が早いこと、才能がすぐれていること)という言葉もできた。以下、
　豆を煮て、もってあつものを作り
　豉(し)をこして、もって汁と為す(豉はみそ、納豆の類)
　まめがらは釜下にありて燃え豆は釜中にありて泣く
　もと同根より生ずに
　相煎(に)るに何ぞはなはだ急なる。

岑参 cén shēn (715—770)

しんじん、盛唐の詩人。744年進士に合格、地方官などを歴任して辺境での生活を体験した辺境を歌った詩が多く、高適、王昌齢らとともに辺塞詩人として有名。

磧（せき）中の作（磧とは小石の重なった砂漠）

馬を走らせて　西来　天に到らんと欲す

家を辞してより　月の両回　円（まどか）なるを見る

今夜は知らず　何れの処にか宿するを

平沙（さ）万里　人煙絶（た）ゆ

　駒田信二訳

　馬を走らせて西へ西へと進んで行けば、やがては天にまでとどきそうだ。全くはてしない旅である。

　家を出てから二度、月がまるくなったのを見た。今夜はいったいどこへ泊ることになるだろう。平らな砂漠が万里のかなたまでつづいているだけで、見渡す限り、どこにも人家の煙などひとすじも見えない。

嫦　娥 cháng é

　じょうが、中国古代の伝説上の月に住む仙女。羿（げい）の妻で、夫が西王母（102頁参照）からもらいうけた不死の薬を飲み、月に入ったと言われる。転じて月の異称。

陈　独秀 chén dú xiù　（1879—1942）

思想家、政治家、日本に留学、15 年上海で雑誌「新青年」を創刊し、旧文化、旧道徳を批判。18 年李大剣（りたいしょう）と「毎週評論」を創刊して新文化運動を指導。21 年中国共産党が成立すると初代総書記となったが、29 年に極左派として除名された。

（注）「陳」の説明は、教科書的には「耳東的陳アルトンダチェン」すなわち「耳 ě r（こざと偏を耳と呼ぶ）に東の陳」。

陳姓の人に、あまり偉人が見当たりませんので（陳姓の人ごめんなさい）この「耳東的陳」が無難のようだ。

陈 凯歌 chén kǎi ge （1952－　）

陳凱歌（ちんがいか）。文革を体験した「第 5 世代」の映画監督、「黄色大地」（1984）で監督デビュー「さらばわが愛、覇王別姫」「子供たちの王様」など。

この人名は「中国百科検定三級」に出題された。

陈 美龄 chén měi líng （1955－　）

アグネス チャン、香港生まれ、歌手、レポーター他。日本では 72 年「ひなげしの花」でデビュー、73 年「草原の輝き」でレコード大賞。88 年、子供を連れてテレビ局への仕事に行き「アグネス論争」を起こす。そして、自分自身も留学した

米国スタンフォード大学に、息子３人も同大学に進ませて話題を呼んだ。

陈胜、吴广 chén shèng、wúguǎng 起义 qǐyì （前2092年挙兵）

陳勝（ちんしょう）、秦朝末期、陳勝と呉広を指導者とする最初の大規模の農民反乱運動。六か月で鎮圧されたが、その後各地に反乱がつづき、秦朝崩壊のもととなった（109頁参照）。

陈 世美 chén shì měi （北宋時代）

陳世美（ちんせいび）。科挙に合格して、連れ添った糟糠（そうこう）の妻を殺そうとして、包拯（ほうじょう）に裁かれる。ここから出世のために妻を裏切る薄情な男のたとえともなる。

（注）中国でも名前に「美」がつくのは、通常は女性。なお、中国では、男か女かは名前では判断できないケースがある。混同しやすい場合には、姓名のあとに（女）と書いてある場合がある。

陈 毅 chén yì （1901－1972）

ちんき、軍人、政治家、四川省の人。抗日戦、解放戦で活躍。中華人民共和国成立後は上海市長、国務院副総理、外交部長などを歴任。
　(注)中国語では「部長」に、①日本語と同一の意味と②大臣、長官の意味もある(陳毅外相)。

陈 永贵 chén yǒng guì (1915−1986)

　ちんえいき。山西省昔陽県の小作人の出身で、貧村大塞を合作化して、傾斜地を自力更生で改善して、全国労働模範となった。毛沢東によって「農業専門家」とされ、「农业学大塞」(農業は大塞に学ぼう)の中心人物となり、副総理まで務めた。

陈 云 chén yún (1905−1995)

　陳雲(ちんうん)、軍人、政治家、十大元帥の一人。25年共産党入党、27年南昌蜂起に参加、新四軍軍長代理、建国後、上海市長、副総理などを歴任。

成吉思汗 chéng jí sī hàn (1162−1227)

　チンギスハン、モンゴル帝国の創始者。幼名テムジン鉄木

真。1206 年全モンゴルの部族を統一。西夏、金などを討ち、さらに西アジアのホラズムを攻略して支配下に収め、南ロシアを含む大国家としたが、遠征中、陣中で病死。日本ではジンギスカンとも呼ばれる。

成 龙 chéng lóng （1954－　　）

成龍（チャンロン）。ジャッキーチェーン。香港生まれ。香港映画を代表するアクション俳優。京劇の訓練を受けたのち映画デビュー。時代劇のカンフー（功夫）に、コメディタッチを取り入れた作品で人気を博し、現代アクションにも出演、監督も兼任し、ハリウッドにも進出。中国百科検定出題。

崔 颢 cuī hào （704－754）

さいこう、盛唐の詩人。酒色を好んだと伝えられ、艶麗な学府（がふ）体の詩が多いが、七律「黄鶴楼」は唐詩中の絶唱として有名。
　昔人すでに白雲に乗って去り
　この地空（むな）しく余す黄鶴楼
　黄鶴一たび去って復た返らず
　白雲千載　空しく悠悠たり
　清川（晴れわたった川）歴歴（手にとるように見える）たり漢

陽の樹

芳草萋萋(せいせい。茂り盛んなさま)たり鸚鵡州(おうむしゅう。揚子江の中州の名称)

日暮れ　郷関(ふるさと)何れの処か　これなる煙波(もやと川波)江上、人として愁えしむ

李白がこの詩を見て、これ以上のものはできないと言って、筆を投げたという伝説が残っている。

参考　黄鶴楼の伝説

酒屋で毎日老人(実は仙人)が酒をただで飲んでその礼として、みかんの皮で壁に鶴を画いて立ち去った。その黄色い鶴が、手を打つと舞うので大評判となり、店は大繁盛した。後日、老人が現れてその鶴に乗って飛び去った、という。酒屋の主人が高楼を建てて、黄鶴楼と名付けた。

三国時代の創建とされるが、現在のものは、1985 年に高さ49 メートルで、武漢市武昌に建てられている。李白(56 頁参照)。

崔 健 cuī jiàn　(1961—　)

さいけん、中国最初のロック歌手。朝鮮族、北京出身。北京の朝鮮族音楽家の家庭に生まれた。母親は朝鮮舞踊団員で、父親はトランペット演奏の専門家。86 年「一無所有(何にもない)」で人気を集める。92 年横須賀市の野外コンサートに出場のため来日。

达赖 喇嘛(14世) dá lài lǎ má （1935－　）

　ダライラマ、チベット宗教上および俗事上の指導者。1939年ダライラマ14世に指名される。59年ラサ市で起こされたチベット反乱事件でインドへ亡命。1989年ノーベル平和賞受賞。ダライとは蒙古語で「大海」の意。ラマとはチベット語で「大師」の意。中国百科検定出題。

达 磨 dá mò （?－528)

　ダルマ、菩提（ぼだい）達磨の略。禅宗の始祖。インドから6世紀初め中国に渡り、各地で禅宗を教えた。嵩山（すうざん）の少林寺で、面壁九年の座禅を行ったという。なお、この達磨の遺跡や嵩岳寺塔などが、2010年に世界遺産の文化遺産に登録された。中国百科検定出題。

邓 丽君 dèng lì jūn （1953－1995)

　鄧麗君（テレサテン）、テレサは洗礼名、テンは「鄧」のウェード式表記の英語読み。
　アジアの歌姫と呼ばれ、日本では「空港」が大ヒット。その後、数々の賞を受け、NHK紅白歌合戦にも3度出場。台

湾では国葬も行われた。「月亮代表我的心」「小城故事」「北国之春」「我只在乎你（時の流れに身をまかせ）」等々。

（注）ウェード式表記法

中国語(漢字)のローマ字表記法の一つ。イギリスの外交官のウェードによって考案された。無気音と有気音や、そり舌音などに、現在中国大陸で使用されるピンインと相違がある。

邓 小平 dèng xiǎo píng (1904—1997)

鄧小平(とうしょうへい)政治家、留仏中入党、建国後、劉少奇とともに活動、文革で失脚、復活後、事実上の最高権力者となる。「黒猫でも白猫でもネズミを捕るのが良い猫」のたとえも有名。他にも「先に条件が揃った者から豊かになり、豊かになった者が貧しい者を後から引きあげればいい」という「先富論」も主張した。中国百科検定出題。

邓 颖超 dèng yǐng chāo (1904—1992)

鄧穎超(とうえいちょう)周恩来夫人。五四運動に参加し、大学卒業後の25年、周と結婚、中共中央政治局委員。

貂 蝉 diāo chán

25

ちょうせん「三国志演義」の中で、「関羽」や「張飛」も歯が立たない「呂布」という豪傑に、童卓を殺させるための「連環の計」に登場する美女。中国の四大美女の一人とされるが、架空の人物という説が多い。なお、四大美女とは、他に、西施、楊貴妃、王昭君を通常指す。

丁 玲 dīng líng （1904—1986）

ていれい、女流作家。夫、胡也頻が 31 年刑死後共産党に入党、解放区で文化宣伝工作に従事。1955 年頃より批判を受けて第一線から退く。1979 年名誉回復。

东条 英机 dōng tiáo yīng jī

（1884—1948）

東条英機（とうじょうひでき）軍人、政治家、陸軍大将、1941 年首相。戦後、48 年極東国際軍事裁判所でA級戦犯とされ、絞首刑。

董 其昌 dǒng qí chāng （1555—1636）

とうきしょう、明末の文人、画家。34 歳で進士に合格。書

画の鑑識評論にも優れた。大阪市立美術館、東京国立博物館で作品を見ることができる。

董仲舒 dǒng zhòng shū
（前176頃－前104頃）

とうちゅうじょ、前漢の儒学者。武帝のとき文教政策を建言、儒教を正統な官学とさせ、その隆盛をもたらした。大変な読書家で、三年間読書を続け、その間一度も庭を見なかったという逸話がある。

杜甫 dù fǔ （712－779）

とほ、盛唐の詩人。安史の乱に遭うなど、苦難の生活の中で「兵車行」「春望」などを残した。李白を「詩仙」杜甫は「詩聖」と呼ばれて、両者ともに世界的に有名。
　　絶句
　江碧（みどり）にして鳥逾（いよいよ）白く
　山青くして花燃（も）えんと欲す
　今秋看（みすみす）又過ぐ
　いずれの日か是れ帰年（きねん）ならん
　　土岐善磨の訳
　河はみどり　鳥いや白く

山は青く　花ぞもゆれ

この春も　また過ぎゆくに

帰るべき日は　いつならん

なお、「春望」の最初の「国破れて山河在り」を「国敗れて・・・」と間違える人がいるが、国がぼろぼろになってもの意であるから注意。

杜 康 dù kāng

杜康（とこう）伝説の王朝、夏（か）の帝王で、酒の醸造を発明したとされる人物。日本で酒造職人を杜氏（とうじ）と呼ぶのはこれによると言われている。少康 shào kāng とも言う。曹操の文にも「何を以って憂いをとかん、ただ杜康あるのみ」がある。

杜 牧 dù mù (803—853)

とぼく、晩唐期の詩人。晩唐期の技巧的風潮を排し、平明で豪放な詩を作った。杜甫の「老杜」に対し「小杜」と呼ばれる。「巻土重来（ちょうらい）未だ知る可からず」の文句や以下の詩は日本でも有名。

清明

清明の時節　雨粉粉

路上の行人　魂を断たんと欲す

借問す　酒家　いずれの処にか有る

牧童　遥かに指さす杏花村

江南の春

千里鶯啼いて　緑、紅に映ず

水村山郭　酒旗の旗

南朝四百八十寺

多少の楼台　烟雲の中

これら二つの詩は、中国では小学生の必修とされている。

段 祺 瑞　duàn qí ruì　(1865−1936)

段祺瑞(だんきずい)、近代の軍人、政治家。袁世凱(えんせいがい)の腹心として袁の死後実権を握り、寺内内閣の西原借款による援助を受ける。直隷派と対立し、敗れ、下野。

法 显　fǎ xiǎn　(337頃−422頃)

ほっけん、東晋時代の僧。399年、64歳で仏典を求めて陸路インドに行き、14年後に海路帰回。その旅行記「仏国記」は、当時のインド、中央アジアの状況を伝える重要資料。魔訶僧祇律や大般泥洹経などを漢訳。

范 成 大　fàn chéng dà （1126—1193）

はんせいだい、南宋の詩人。晩年の「四時田園雑興」60首は、
江戸時代によく読まれた。南宋四大家の一人。
　「夏日田園雑興」
　梅子金黄　杏子肥之
　麦花雪白　菜花稀なり
　日長くして離落（りらく）に人の過ぐる無し
　唯だ蜻蜓（せいてい）蛺蝶の飛ぶ有るのみ。

　梅の実は黄色に熟し、あんずの実も大きくなった。
　麦の花は雪のように白く、菜の花はもう散った。
　夏の日は長く、一日、誰も垣根に訪れない。
　ただ、とんぼとちょうだけが飛んで来る（石川忠久訳）。

范 蠡　fàn lǐ　生没年未詳

　はんれい、春秋時代末の越の忠臣。越王勾践に仕えて富国
強兵を図り、呉を滅ぼして会稽の恥をそそいだ。西施の恋人
であったともいう。「陶朱猗頓」（37頁及び123頁参照）。

范 増　fàn zēng　（前275?—前204）

はんぞう、項羽の参謀。奇計をもって戦功を立て、信任されて亜父（父に次いで尊敬する者の意）と称された。のちに劉邦の謀臣陳平の計略にかかり、項羽に疑われてこれを去り、病死した。

范 仲淹 fàn zhòng yān (989－1052)

はんちゅうえん、北宋の政治家。副宰相にまで昇進。彼の「岳陽楼記」の

　先天下之憂而憂

　後天下之楽而楽

　天下のうれいに先んじてうれい

　天下の楽しみに後れて楽しむ

は政治家の心構えとして有名。

　東京の「後楽園」の名は、水戸光圀の師、朱舜水がこの文から取っている。それから、この地にあった後楽園球場は、1998年に東京ドームに変わった。

　なお、岡山の後楽園、金沢の兼六園、水戸の偕楽園を三名園という。

方 孝孺 fāng xiào rú (1357－1402)

ほうこうじゅ、明初の朱子学者。恵帝（明の二代目の皇帝）

に仕え、王道政治を説き、燕王（のちの永楽帝）の即位の詔勅の起草を拒否して、一族、弟子とともに死刑に処せられた。

冯 道 féng dào （882-954）

ひょうどう、またはふうどう、五代の政治家。景城（河北省）の人。五代の乱れた世に5朝11人の君主に仕え、20年にわたって宰相を務め、民政に尽くした。後世、無節操の代表者のように批判されているが、作家の陳舜臣さんは「中国傑物伝」の中の一人として扱っている。

冯 玉祥 féng yù xiáng （1882-1948）

馮玉祥（ふうぎょくしょう）、近代の軍閥政治家。キリスト教信者だったので、クリスチャンゼネラルとも呼ばれた。日中戦争期に連ソ抗日を主張、戦後は内戦に反対。

夫 差 fú chāi （?-前473）

ふさ、春秋時代の呉王。在位、前496-前473。越王勾践こうせんを破って父の復讐を果たしたが、伍子胥の進言をきかず、のち助命した勾践に敗れ、自殺した。

符 堅 fú jiān (338-385)

符堅(ふけん)、五胡十六国時代、前秦第三代の皇帝。符健(317-355)死後、357年、暴君符生(符健の子)を殺して即位。在位357-385。前燕、前涼を征服し華北を統一、一時は西域にまで勢力を伸ばした。淝水(安徽省にある川)の戦いで東晋に大敗。後秦の姚萇(ようちょう)に禅譲を迫られて自殺。

佛 図 澄 hú tú chéng (233頃-348頃)

仏図澄(ぶっとちょう)、五胡十六国時代の西域の僧。中央アジアの庫車(クチャ)の人。晋の永嘉年間(307-312)に洛陽に入り、種々の神秘を現して仏教を広め、多くの仏寺を建立。中国仏教の基礎をつくった。驚くほど高齢で亡くなっている。

傅 作 义 fù zuò yì (1895-1974)

傅作義(ふさくぎ)、軍人。保定軍官学校卒業後、閻錫山に従った。36年日本軍指揮下のモンゴル軍を破り有名となる。49年、北京の平和解放に協力し、以後は新政府に参加し中央人民政府委員をはじめ、人民政治協商会議、全国委員会常任委員などの要職を歴任。

高力士 gāo lì shì (684—762)

こうりきし、唐代の宦官（かんがん）。玄宗の側近として権勢をふるったが、安史の乱が起こると、玄宗に随従して成都に逃れたが、760年、同じ宦官の李輔国によって巫州に流され、やがて許されたが、帰京の途中死亡した。

高啓 gāo qǐ (1336—1374)

こうけい、明代初期の詩人。元末の乱を避けて淞江の青邸に住んでいたので青邸と号した。博学で歴史に通じ、詩に巧みで、楊基、張羽、徐賁（じょひ）とともに、「高楊張徐」とも「呉中の四傑」とも称せられ、明代第一の詩人とされた。詩集「高青邸集」がある。明るく平易な詩風で江戸時代、明治期を通じて日本でも広く愛読された。夏目漱石も間違いなくその一人と思われる。

高适 gāo shì (706—765)

高適（こうせき）、盛唐の詩人。高放な性格で、若いころは仕官を望まず任侠と放浪の生活を送り、詩は50歳ころから作りはじめたがたちまち文名があがった。岑参（しんじん）とと

もに「高岑(こうしん)」と併称され、実際に体験した軍隊生活に基づく辺塞詩人として名高い。

「小学生百科詞典」には次の詩が載っている。

千里黄雲白日曛(xūn)
北風吹雁雪紛紛
莫愁前路無知己
天下誰人不識君

高 仙芝 gāo xiān zhī (?－755)

こうせんし、唐の武将。高句麗出身。玄宗に仕え、小勃律(しょうぼつりつ、チベット西辺)を、奇襲によって討ち節度使となったが、751年タラスでアラブ軍と戦って大敗。安史の乱に際して玄宗の怒りに触れて処刑された。製紙法を結果として、アラブ世界へ伝えたとされる。

葛 洪 gě hóng (283－343頃)

かつこう、東晋の道士。神仙術の研究、著述に専念。広東省の羅浮山中に丹を練って世を終えた。著「抱朴子」「神仙伝」など道教と関係が深い。これらの書は、東晋までの神仙道教を知るためには不可欠と言われた。

公 孙龙 gōng sūn lóng

（前 320 頃－前 250 頃）

　公孫龍（こうそんりゅう）、戦国末期の趙（山西省）の弁論家。啓蒙的詭弁として有名な「白馬は馬にあらず」とは、
　人は「白馬」を認識すべきとき、「白」と「馬」とを別々に知覚しうるから「白馬」は「馬」ではないとする。

龚 自珍 gōng zì zhēn　（1792－1841）

　龔自珍（きょう・じちん）、清末の文学者。公羊（くよう）学者（「春秋」の意味を解説する学問）で、理想的社会主義の傾向を示した。なお、この漢字は姓にしか使わないが、割に目にする姓。

鞏 俐 gǒng lì　（1965－　）

　コンリイ、中国を代表する女優。瀋陽生まれ。「赤いコーリャン」でデビュー。張芸謀監督作品に数多く出演。日本語の読みとしては「きょう」なのだが、中国語の読みで通常読んでいる。ホンコンやシャンハイを、香港（こうこう）上海（じょうかい）と読まないと同じ。中国百科検定試験に出題。

句 践 gōu jiàn （？－前465）

　こうせん、春秋時代の越の王。勾践とも書く。父王のころ
から呉と争い、父の没後、呉王闔閭（こうりょ）を敗死させた
が、前494年闔閭の子夫差に捉えられた。名臣范蠡（はんれい）
の助けを得て、前477年に呉を破り、諸侯の盟主となった。
　臥薪嘗胆（がしんしょうたん）の故事でも有名。

顧 愷之 gù kǎi zhī （345頃－405頃）

　顧愷之（こがいし）、東晋の文人画家。人物画にすぐれた。
大英博物館蔵の「女史箴図（じょししんず）」フリーア美術館
蔵「洛神賦図」などに模写されたものが伝わるほか、画論集
に「論画」などがある。
　この人はサトウキビを食べるときは、いつも決まって先端
から根のほうへ食べていくので、その理由を尋ねると「こう
するとしだいに佳境（甘くておいしいところ）に入るからだ」
と答えたところから「漸入佳境 jiàn rù jiā jìng」すなわち、
しだいに佳境に入る。だんだん感興が深まる。徐々に境遇が
好転する、という成語となった。

顧 炎武 gù yán wǔ （1613－1682）

顧炎武（こえんぶ）、明末、清初の思想家、学者。その学問は該博な知識をもとに、経学、地理学、言語学など多方面にわたり、清朝考証学の祖とされる。その著「日知録」は20巻余りで、政治、経済、軍事、科技、天文地理学等に及んでいる。

关公 guān gōng または

关羽 guān yǔ （?－219）

関羽（かんう）、三国時代の蜀の武将。劉備に従い各地を転戦。後世、武神、商神とされ関帝廟で祭られる。「公」は尊称、包公(11頁参照)。「子」は学問のある人に対する美称で「孔子」「孟子」「老子」など。

关汉卿 guān hàn qīng 生没年未詳

関漢卿（かんかんけい）、元の劇作家。13世紀後半に活躍。元曲四大家のうちの第一人者。口語を巧みに韻文に取り入れ、社会の暗部と人民の反抗精神を歌い、10余りの作品が現存。

管仲 guǎn zhòng （?－前645）

かんちゅう、春秋時代、斉の桓公に仕えた名臣。管敬中とも言う。初め斉の公子糾（きゅう）に仕え、桓公と戦ったが、後に若いときの親友、鮑叔牙の推挙によって桓公に仕え、富国強兵の策をたて、桓公を天下の覇者にさせた。その著と言われる「管子」24 巻は、後人の手によって書かれた部分が多い。

管仲は若いころ貧乏であった。鮑叔と一緒に商売をして、自分の方が多く利益を取ったが、鮑叔は管仲が貧しいから、と理解した。

戦争に三度行って三度とも逃げ帰ったが、鮑叔は管仲には老いた親がいるのだから、と管仲を卑怯と思わなかった。このようによく理解してくれた鮑叔に対し、後に大政治家となった管仲は「我を生む者は父母だが、我を知る者は鮑叔なり」と深く感謝した。彼の有名な言葉に「衣食足りて礼節を知る」がある。鮑叔牙(11 頁参照)。

光 武帝 guāng wǔ dì (前6—57)

こうぶてい、劉秀、後漢の建国者。前漢高祖劉邦の 9 世代の孫。玉莽軍、赤眉軍を破り、漢朝を再興した。儒学を奨励して在位は 32 年間に及んだ。劉秀(68 頁参照)。

光 緒帝 guāng xù dì (1871—1908)

こうしょてい、清朝第11代皇帝。母の姉にあたる西太后に擁立されて4歳で即位。実権は長く西太后に握られた。日清戦争後の1898年、康有為らを登用して変法自強策による革新政治を断行しようとしたが、戊戌（ぼじゅつ）の政変に敗れ幽閉されて病没。こうちょていともいう。

郭 沫若 guō mò ruò　(1892−1978)

かくまつじゃく、文学者、歴史学者、政治家。日本の九州大学に留学中、文筆活動を開始。日中戦争勃発と同時に抗日救国の活動で活躍。共和国成立後、政治院副総理、中国科学院長、中日友好協会名誉会長などを歴任。

郭 守敬 guō shǒu jìng　(1231−1316)

かくしゅけい、元の科学者。世祖に認められ、各地の水利事業に従事、天文観測器を考察、製作。大都天文台長、授時暦を制定。

海 瑞 hǎi ruì　(1514−1587)

かいずい、明後期の官僚。嘉靖帝の道教盲信を戒め罰せら

れる。万暦帝の時、清官として活躍。

韓 非子 hán fēi zǐ（？—前233）

韓非子（かんぴし）、戦国時代の韓の王族。法家の時代の代表的学者。秦の李斯とともに荀子に学んだのちに始皇帝に認められて秦に使いしたが、李斯の反感にあい毒殺された。

韓 湘子 hán xiāng zǐ

韓湘子（かんしょうし）、八仙の一人、韓愈の甥と言われる。予言能力があって笛の名手で、美男とされている。

なお、中国では若くても仙人となれるので、日本の仙人とはイメージも違う。その意味では張果老（129頁参照）が最も仙人らしいと言える。

韓 信 hán xìn（？—前196）

韓信（かんしん）、漢の高祖の功臣。准陰（わいいん、今の江蘇省准陰市）の人。張良、蕭何とともに漢の三傑の一人。漢の創業に功があって准陰侯となったが、高祖の妻呂后に殺された。若い時に、准陰で乱暴な若者たちに股の下をくぐらさ

れる侮辱を受けたが、よく忍耐したという。韓信の股くぐり
の話で有名。用兵にすぐれ、部下が多ければ多いほど良いと
劉邦に答え、「多多益善」という成語となっている。

韓 愈 hán yù (768—824)

韓愈(かんゆ)、中唐の詩人、文章家、792年進士に及第。徳
宗、憲宋、穆宗に仕え、官吏としても要職にあって多くの功
績を残した。儒教を尊び仏教、道教を激しく攻撃した。柳宗
元とともに古文復興に努力し、韓柳と併称される。また唐代
の代表的詩人として李白、杜甫、白居易とともに「李杜韓白」
と称されてもいる。トランプではダイヤの8の札。韓愈の残
した名言。
　「千里の馬は常に有れども　伯楽は常には有らず」

寒 山、拾 得 hán shān、shè dé

かんざん、じっとく、唐の伝説上の2人の詩僧。寒山は浙
江省の天台山から40キロ離れたところに隠居していた詩人で、
文殊菩薩の化身で、拾得は天台山国清寺で、食事の労務に従
事していた行者で、普賢菩薩の化身という。寒山が経巻を開
き、拾得がほうきを持つ図が、禅画の画題。わが国でも雪舟
を始め多くの画家が描いている。

汉 高祖 hàn gāo zǔ （前256－前195）

　漢の高祖、劉邦のこと。楚の項羽と戦い勝利する。秦の急進策に対し、郡国制など穏健策を採用し、「法三章」（注）で民心を掌握した。
　（注）漢の高祖が秦を滅ぼした後、始皇帝の定めた厳しい法律を廃し、殺人、傷害、窃盗だけを罰するとした三か条の法律。なお、出身地の沛県から沛公（はいこう）と呼ばれた。

汉 武帝 hàn wǔ dì （前156－前87）

　漢の武帝（かんのぶてい）、前漢の第7代の天子。在位55年（前141－前87）。内政を確立し、匈奴を北方に追いやり、西域、安南、朝鮮半島を討ち始め、儒教を国教として政治教化のもととした。初めて年号を定め、塩や鉄を専売にするなどの独裁君主として敏腕をふるった。文人でもあり汾河に船を浮かべ「秋風辞」の詩を作った。結句が以下。
　「歓楽極（きわ）まりて哀情多し、少壮幾時ぞ老いを奈何（いかん）せん」。姓は劉、名は徹。武帝と言えば、通常はこの人。中国百科検定三級に出題。

汉 钟离 hàn zhōng lí

漢鐘離(かんしょうり)、八仙の一人。漢王朝の高位の官だったが、戦いに敗走し逃げる途中で出会った仙人から仙術を授かったという。常に手に芭蕉扇を持つ。鐘離権とも。

何 仙姑 hé xiāng gū

かせんこ、八仙人の一人、唯一の女仙。則天武后の時代の人とされる。夢のお告げで雲母(うんも)を飲むと体が軽くなって、どこにでも飛んで行くことができるようになり、のちに得道して仙人になった。手にざるまたはハスの花を持つ。

何 香凝 hé xiāng níng (1879—1972)

かこうぎょう、女性革命家、画家、廖仲愷夫人、東京女子美術学校卒業、国民党左派の代表。建国後、婦女連合会名誉主席。中日友好協会会長をつとめた廖承志(63 頁参照)は長男。

贺 龙 hè lóng (1896—1969)

賀竜(がりゅう)、現代の軍人、革命家。27 年の南昌蜂起で入党、長征に参加、建国後、スポーツ相、副総理などを歴任。文革で失脚したが 74 年名誉回復。

賀 知 章 hè zhī zhāng （約659－約744）

　がちしょう、唐の詩人、放縦な性格で、酒を好み、李白と親交があった。飲中八仙の一人。また行書の名手。
　主人相識（あいし）らず
　偶座するは林泉の為なり
　みだりに酒をかうを愁うるなかれ
　嚢中（のうちゅう）自（おのず）から銭あり
　井伏鱒二の訳
　主人ハタレト名ハ知ラネドモ
　庭ガミタサニチョトコシカケタ
　サケヲ買フトテオ世話ハムヨウ
　ワシガサイフニゼニガアル

洪 武帝 hóng wǔ dì （1328－1398）

　こうぶてい、明代初代皇帝、太祖。姓名は朱元璋（しゅげんしょう）。紅黄巾の乱に参加、南京を根拠地に全国統一。明朝300年の基をつくった。貧しい小作人の二男の生まれ。
　この「洪」という姓の人に会ったときは、「洪水の洪さん」は流石にまずいので、とっさにこの「洪武帝の洪さんですね」を運よく思い出すことが出来ました。これは相手の中国人に中国の歴史も勉強していることも分かってもらえて、かなり

45

得点を稼いだようだ。中国百科検定三級に出題。

洪 秀全 hóng xiù quán (1814—1864)

こうしゅうぜん、太平天国の最高指導者。広東花県出身。自らエホバの子と称し、上帝信仰を説き、滅満興漢をうたい、儒教、アヘン、纏足（てんそく）などの伝統文化の悪習排斥を唱えた。上帝会を結束して男女平等、土地均分制度、租税の減免などを唱え、民衆の支持を得た。南京陥落直前に病死。

侯 宝林 hóu bǎo lín (1917—1993)

こうほうりん、漫才師、天津生まれ、満州族。最初は京劇を習い、のち漫才を学ぶ。多くの漫才（中国では「相声」）を発掘、整理、創作。北京大学の教壇にも立つ。著書として「曲芸概論」「相声溯源」がある。

后 羿 hòu yì

ホウイ、夏の時代、東夷の有窮国の王。弓矢の達人。伝説で堯の時、10個の太陽が出て民を苦しめたので9個を射落としたとされる。嫦娥（18頁参照）はその妻。

忽 必 烈 hū bì liè （1215−1294）

　フビライ、元の初代皇帝、チンギスハン（21 頁参照）の孫。
金を滅ぼし、宋を併せ大都（北京）を都として国号を元とした。
日本にも 2 度侵攻したが失敗。

胡 锦涛 hú jǐn tāo （1942− ）

　胡錦濤（こきんとう）、安徽省出身、清華大学卒業、64 年共
産党入党。88 年、チベット自治区党委書記、92 年中央政治局
常務委、98 年国家副主席、2002 年党総書記、03 年国家主席に
就任して 13 年退任。後任は習近平。

胡 耀邦 hú yào bāng （1915−1989）

　こようほう、政治家、湖南省出身、抗日期より軍政治委員。
共青団第一書記、文革で失脚。文革後、80 年党総書記。86 年
の民主化運動に理解を示したため 1987 年失脚。
　（注）「胡」の説明法は「古」に「月」の「胡」。

华 佗 huà tuó （約145−208）

華佗(かだ)、後漢末ごろの医者。外科に秀で麻沸散という麻酔薬を発明し、深部の病根を除去したという。鍼灸や薬学養生術にも通じたが、曹操の侍医となることを拒んで殺されたという。「神医」と称され民間信仰の対象ともなっている。

桓公 huán gōng （?－前643）

　かんこう、春秋時代の斉の君主。一時国内の紛争から国外に逃亡していたが、後に国に帰って位を継ぎ、管仲を用いて覇者となった。いわゆる春秋の五覇の一人。

黄巣 huáng cháo （?－884）

　こうそう、唐末最大の農民反乱の指揮者、私塩商。875年王仙芝とともに反乱。一時長安を落とし唐朝滅亡を決定づけた。

黄帝 huáng dì

　こうてい、古代の伝説の帝王。三皇(他に伏羲 fú xī 神農氏)の一人。軒轅 xuān yuán 有熊とも言う。中原諸部族共通の祖先とされる。姓は「公孫」名は「偸坏」。文字、農業、音楽、医学、数学などの発明者とも伝えられる。「黄」という姓の人

に会ったら、是非「黄帝」の黄さんですね、をやって下さい。

黄 盖 huáng gài

黄蓋(こうがい)、三国時代の呉の武将。赤壁の戦いで周瑜側の将軍として曹操軍を火攻めにして破った。曹操のスパイとみせかけるために、周瑜に鞭打せた故事は「苦肉の計」で知られている。

黄 庭堅 huáng tíng jiān (1045—1105)

こうていけん、北宋の詩人。詩文、草書にすぐれ、中でも詩に巧みであった。蘇軾(そしょく)の門人で、蘇黄と並び称された。その表現をまねた一派を江西派という。

論語の「四海の内皆兄弟なり」に拠った「四海一家皆弟兄、四海は一家みな弟兄」の句で知られる。

黄 興 huáng xīng (1874—1916)

黄興(こうこう)、革命家。孫文に協調、中国革命同盟会を結成し、孫文に次ぐ地位にあった。辛亥革命後、南京臨時政府の陸軍総長。袁世凱討伐の第二革命に失敗して米国に亡命。

陳舜臣さんは「中国傑物伝」で高く評価している。

黄 宗羲 huáng zōng xī (1874—1916)

こうそうぎ、明末清初の学者。余姚の人、清朝に抵抗するが失敗。その後、郷里に落ち着き教育と著述に専念。主著「明夷待訪録」は清末の革命家に大きな影響を与えた。

徽 宗 huī zōng (1082—1135)

きそう、北宋第8代の皇帝。在位1100-1125。書画の名手として知られ、文化、芸術を保護奨励したが、政治力がなく国政は乱れ、金の侵入に際し帝位を子の欽宗に譲位、のち親子とも捕らえられ、国都開封から遠く今の黒竜江省で死去。これをもって北宋は滅亡した。人は亡国の画人皇帝と呼んだ。

霍 去病 huò qù bìng (前140?—前117)

かくきょへい、前漢の武将。衛青(107頁参照)の甥。6回にわたって北西辺の匈奴を討伐して大勝、驃騎(ひょうき)大将軍となったが、24歳の若さで病死。武帝は大いに悲しみ、その墓を自分の墓の傍に築造した。

50

「霍」という姓の人に会ったとき、うっかりして「霍乱の霍さん」とやらないように。「霍乱 luàn」はコレラ。

賈宝玉 jiǎ bǎo yù

かほうぎょく、小説「紅楼夢（こうろうむ）」（清代初期に成立）の主人公。没落する貴族賈家の若様。いとこの林黛玉と愛し合うが、薛宝釵と結婚させられ、黛玉死後出家する。

なお、納蘭性徳（のうらんせいとく 1655-1685）という実在の文章家で、眉目秀麗、文武両道の夭折の貴公子が、この宝玉のモデルという説がる。

賈島 jiǎ dǎo （779-843）

賈島（かとう）、中唐の詩人。一時仕官の望みを絶って僧となり、無本と称したが、韓愈に認められて遷俗した。「推敲」の故事とは「僧は推す月下の門」の自作の詩句について、「推す」を「敲く」とすべきかを迷った末、韓愈（42頁参照）に問うて、「敲」に改めたという。また、「剣客」と題する詩の「十年磨一剣、霜刃未曾試。今日把似君、誰為不平事」から「十年一剣を磨く」という文句を残した。

鑒真 jiàn zhēn （687-763）

鑑真（がんじん）、唐の来日僧、日本の律宗の開祖。前後 5 回の遭難と失明もあったが渡航。東大寺に戒壇院を設け唐招提寺を建立。「鑑真和尚坐像」は奈良時代の肖像彫刻の代表作。

姜 太公 jiāng tài gōng

我が国では太公望（たいこうぼう）と呼ぶ。周代斉国の始祖。姓は呂、名は尚。周王朝の文王を補佐し、また武王のとき殷周革命における武功により、斉侯に封じられた。「師尚父」「大公」とも言う。文王に召せられるまで釣りをして待っていたことから、日本では釣り好きの異称にもなっている。「喰ますか　などと文王　そばへ寄り」、「釣り竿をしまって周の代を始め」と江戸川柳にもある。

蒋 介石 jiǎng jiè shí （1887—1975）

しょうかいせき、政治家、軍人。孫文死後、国民党、国民政府の実権を握り、中国共産党と対立。第二次大戦後、国共内戦に敗れ、1949 年台湾に退いた。妻は「宋美齢（91 頁参照）」長子「蒋経国」。

金 庸 jīn yōng （1924— ）

きんよう、作家。浙江省海寧の地主の家に生まれる。建国後、父は反動地主として処刑。香港在住、武俠小説「書剣恩仇録」を55年発表して一躍人気作家となる。作品の多くが映画化やテレビドラマ化されている。

荆 轲 jīng kē （?−前227）

けいか、戦国時代の斉の人。衛（えい）に移って慶卿（けいけい）と称せられ燕に行って荊卿と称せられた。読書、剣撃を好み、燕の太子の丹の命令で秦に行き、始皇帝を暗殺しようとしたが、失敗して殺された。丹との易水で別離の際に作った「風蕭蕭、易水寒し、壮士一たび去ってまたかえらず」の歌で知られる。また、この故事を踏まえて、蕪村が「易水に　ねぶか流れるる　寒さかな」と読んでいる。

（注）ねぶかは「根深」でネギの別名

鸠 摩 罗 什 jiū mā luó shí （350頃−409頃）

鳩摩羅什（クマラジジュウ）、六朝時代の仏典の翻訳家。中央アジア亀茲（きじ）国の僧。父はインド人、母は亀茲国王の妹。前秦の亀茲攻略後、長安に迎えられ、訳経に従事。法華経、阿弥陀経など訳経に偉大な功績をあげた。立松和平さん親子による長編伝記小説がある。

康 熙 kāng xī （1654—1722）

　こうき、清朝の第四代皇帝。三藩の乱を治め、台湾を領有
し、ロシア、蒙古、チベットに兵を進め、国土を拡張。また、
西洋学術を導入、学芸を振興して、清朝全盛期の基礎を固め
た。「康熙字典」は、以後の漢字辞典の規準となった。

康 有 为 kāng yǒu wéi （1858—1927）

　康有為（こうゆうい）、清末民国初の政治家、学者。戊戌の
変法運動の指導者。公羊学（くようがく）を学ぶ。光緒帝（39
頁参照）に認められ変法を推進するが失敗。
　（注）公羊学　春秋三伝のうち、公羊伝を春秋の経文の正統
的解釈と認める学派。

孔 祥熙 kǒng xiáng xī （1880—1967）

　こうしょうき、実業家、政治家。国民政府の産業、金融行
政関連の要職を歴任。四大（蔣宋孔陳）家族の孔家の一員。

孔 子 kǒng zǐ （前551—前479）

こうし、春秋時代の魯（今の山東省曲阜）に生まれる。思想家、儒教の祖。名は丘、字は仲尼。一時は太司寇（司法長官）まで務めたが、のち官を辞して、弟子とともに広く旅した。礼と仁を尊んだ学説を説く。死後編纂された。「論語」は孔子の言葉と行動を集大成したもので、応神天皇の時代に百済（くだら）を経由して伝来したといわれ、日本の文化にも古くから大きな影響を与えた。

寇 謙 之 kòu qiān zhī （363頃－448）

こうけんし、南北朝時代の北魏の道士。太上老君（老子）から啓示を受け、太武帝の支持を得て仏教を排訴し、道教を国教化した。

藍 采 和 lán cǎi hé

藍采和（らんさいわ）、八仙人の一人。ぼろの青い衣装をまとった芸人の姿で、いつも仙道の意味を込めた「踏々歌」を歌う。常に三尺ほどの拍板（打楽器の一種）を持つ。片方は常に裸足で性別もはっきりしなくて、女としているものもある。

老 舎 lǎo shě （1899－1966）

ろうしゃ、作家、20年代よりユーモア作家として知られる。「四世同堂」「駱駝祥子」戯曲「茶館」などで北京を描く。文革で迫害死。中国百科検定出題。

老 子 lǎo zǐ 生没年未詳

ろうし、春秋戦国時代の思想家で道家の租「老子」の著者とされる。老子の学説は中国哲学の発展に大きな影響を与え、のちに唯物、観念の両派が、それぞれ異なった角度から、その思想を引用した。老子その人の実在を疑問視する説もある。
老子の言葉
上善(最上の善)は水のごとし。

雷 锋 léi fēng （1940−1962）

雷鋒(らいほう)、湖南省長沙出身、貧農出身の解放軍兵士。撫順市人民代表。党への感謝を常に忘れず、人民のために奉仕した模範的人物。1962年に執務中に殉職した。没後その滅私奉公の精神が評価され、1963年毛沢東が提起した「向雷鋒同志学習」(雷鋒に学べ)キャンペーンで英雄となった。

李 白 lǐ bái （701−762）

りはく、盛唐の詩人、人生を放浪のうちに送る。杜甫の「詩聖」に対し「詩仙」と称される。酒を好んだので酒仙とも言われる。最後は酒に酔い、水中の月を取ろうとして溺死したと伝えられる。

　「静夜思(せいやし)」

牀前月光を見る

疑うらくは是れ地上の霜かと

頭を挙げては山月を望み

頭を低(た)れては故郷を思う

井伏鱒二の訳

ネマノウチカラフト気ガツケバ

霜カトオモフイイ月アカリ

ノキバノ月をミルニツケ

ザイショノコトガ気ニカカル

　「黄鶴楼にて孟浩然の広陵に之くを送る」

故人西のかた黄鶴楼を辞し

烟花三月　揚州に下る

孤帆の遠影　碧空に尽き

惟だ見る　長江の天際にながるるを

石川忠久さんの訳

　わが友孟浩然は西の黄鶴楼に別れを告げて花がすみの三月に揚州へと舟下りして行く。

　ポツンと一つ帆をかけた舟の姿が青空の彼方に消えたあと、ただ長江が天の果てへと流れるばかりだ。

李 冰 lǐ bīng　生没年不詳

りひょう、戦国末期の秦の水利家。岷江（みんこう）の治水を指揮し成都高原の開発に貢献した。彼ら親子が設計したとされる四川省の「都江堰（とこうえん）」は、内流、外流に分水し、流水の遅延を活用して土砂を排出、水量を調節する機能を備えていて、現在に至るまで、洪水防止・灌漑の機能を果たしていて、2000年に世界遺産となっている。

李 大钊 lǐ dà zhāo　(1889-1927)

李大釗（りたいしょう）、思想家、革命家。中共創立者の一人。新文化運動に大きな役割。

李 登辉 lǐ dēng huī　(1923-)

李登輝（りとうき）、政治家、京都大学卒。もと台湾大学教授。台北市長、台湾省政府主席などを歴任。88年初の台湾出身の台湾総統。1996年直接選挙で総統に再選。

李 鸿章 lǐ hóng zhāng　(1823-1901)

りこうしょう、清末の政治家、洋務巡官僚、太平天国の乱に対し淮軍（わいぐん）を組織、北洋大臣、洋務運動を推進。日清戦争敗北で失脚。中国百科検定出題。

李 克強 lǐ kè qiáng （1955—）

りこくきょう、政治家。安徽定遠生まれ、北京大学卒業。経済学博士。習近平とともに13年総理に就任。

李 逵 lǐ kuí

りき、小説「水滸伝」の英雄の一人。あだ名は「黒施風」と言い、剛力で正直者だが、そそっかしい人物。首領の宋江をよく引き立てたが、帰順に反対して殺される。親孝行でも知られ、庶民に人気がある。

李 立三 lǐ lì sān （1899—1967）

りりつさん、政治家、革命家。留仏「勤工倹学」運動に参加した。五四運動などの最高指導者を経て、中国共産党のリーダーになり、極左路線を進めたが失敗、「李立三路線」として批判される。文革で迫害死。

李 陵 lǐ líng （？－前72）

りりょう、前漢の武将。武帝のとき匈奴と戦い、敗れて降りる。李陵降伏の報に、武帝がその一族を誅殺しようとしたとき、李陵を弁護した司馬遷が宮刑に処せられたことは有名。

李 隆基 lǐ lóng jī （685－762）

りりゅうき、唐の第六代皇帝、玄宗(げんそう)のこと。「開元の治」と呼ばれた太平の世を築いたが、晩年は楊貴妃に溺れて安史の乱を招いた(118頁参照)。

李 商隠 lǐ shāng yǐn （約813－約858）

りしょういん、晩唐期の詩人。837年進士に及第。詩は華麗や技巧を用い、晩唐の唯美的な詩風を代表していると言われる。文では精細華麗な四六文(しろくぶん)を作った。

李 时珍 lǐ shí zhēn （1518－1593）

李時珍(りじちん)、明代の医学者、本草学者。本草学の確

立者で、伝統的中国医学の集大成者。「本草綱目」52巻を執筆、「医中の聖」と言われる。

（注）「本草学」中国古来の植物を中心とする薬物学。

李 世民 lǐ shì mín　(599—649)

りせいみん、唐の第二代皇帝、一般に太宗と呼ぶ。在位626—649。父、李淵の建国を助け、626年李淵が帝位につくと玄武門の変によって兄弟を殺し、父の譲位を受けて即位。官制を整え、均田制、租庸調制、府兵制、科挙制などを確立し、防玄齢、魏徴らの名臣、立靖、李勣らの名将らを用いて「貞観の治」と呼ばれる治世をもたらした。また、東突厥をはじめ四囲の諸民族を制圧したが、高句麗遠征には失敗。この太宗が、あるとき、重臣たちを集めて「帝王の業、草創と守成のいずれが難きか」と問うた。このような家臣たちとの政治上の議論を集大成し、分類した10巻の書「貞観政要」は、日本でも広く読まれた。「貞観の治」をもたらした補佐役に魏徴(107頁参照)がいた。

李 斯 lǐ sī　(?—前210)

りし、秦の政治家。荀子に学び始皇帝に仕えて丞相となり、法治主義をとり、文字、度量衡の統一などにより帝国の確立に寄与した。皇帝の死後、趙高のざん言により刑死。

李 铁拐 lǐ tiě guǎi

　李鉄拐（りてっかい）、八仙人の一人。修業中、魂となって体から離れたとき、弟子に体を焼かれ、しかたなく行き倒れていた乞食に乗り移ったとされる。鉄の杖をついているため、鉄拐の称号がある。片足が不自由な中年の姿で表される。

李 先念 lǐ xiān niàn (1909—1992)

　りせんねん、政治家、1927 年中国共産党に入党。35 年長征に参加し、軍の要職を歴任。新政府となってから副総理兼財務部長に就任して経済再建に尽力。83 年国家主席、88 年全国政協主席。

李 渊 lǐ yuān (566?—635)

　りえん、唐の高祖、唐初代の皇帝（在位 618—626）。鮮卑拓跋系の北宋の北周の貴族で、隋の外威。隋末の民衆反乱の中で挙兵し、中国の再統一を成しとげた。唐高祖とも。

李 自成 lǐ zì chéng (1606—1645)

りじせい、明朝末期、農民反乱の指導者。陝西省米脂の人。1643 年西安を占領し、国号を大順と称し、翌年北京を陥落、明を滅ぼしたが、清朝に降った呉三桂に敗れ、湖北で死亡。「李闖王」とも呼ばれる。

梁 启超 liáng qǐ chāo （1873—1929）

梁啓超（りょうけいちょう）、清末民国初の思想家、政治家。初期のジャーナリスト。唐有為らと変法運動を指導、亡命先の日本で「新民叢報」「清議報」を創刊して青年知識人に大きな影響を与えた。

梁 山伯 liáng shān bó

りょうざんぱく、民間故事「梁山伯与祝英台」の主人公。杭州遊学中にともに勉学に励んだ祝英台と結婚を誓うが、貧富の差ゆえ、英台の父に反対され、この世で結ばれることなく、死後２人の魂はチョウになり結ばれる。中国版「ロミオとジュリエット」。

水滸伝は「梁山泊」で「伯」の字が違う。

廖 承志 liào chéng zhì （1908—1983）

りょうしょうし、政治家、東京生まれ。長征、抗日戦に参加。共和国成立後は日中国交回復に尽力。中日友好協会会長を務めた。64年に始まった高崎達之助と日中総合貿易の通称「ＬＴ貿易」は両者の頭文字を取ったもの。この廖の字は姓にしか使わない。

林彪 lín biāo （1909—1971）

　りんぴょう、軍人、政治家「十大元帥」の一人。抗日戦争、朝鮮戦争などを戦う。1959年彭徳解任後、国防部長。文革で毛沢東の後継者となるが、クーデターに失敗し死亡。これについては謎の部分が多い。中国百科検定出題。

林黛玉 lín dài yù

　りんたいぎょく、清代の曹雪芹(16頁参照)の小説「紅楼夢」中の主人公の一人の美少女。彼女は美しい落花がやがて泥にまみれてしまうのを悲しみ、それらを掃き集めて葬ったうえに「花を葬る詩」を作る。このように多愁多病であったが、主人公賈宝玉から深く愛されていた。しかし、結ばれることなく策謀によって宝玉が薛宝釵と結婚式をあげる日にこの世を去る。「林」姓は教科書的には「双木林」（二つの木の林)であるが、この「林黛玉」とか男性なら次項の「林則徐」を合

わせて使う方が効果的でしょう。

林 則徐 lín zé xú （1785−1850）

りんそくじょ、清末の官僚。道光帝のとき、欽差大臣としてアヘンの没収と廃棄などの強硬措置を実施。アヘン戦争（1840-1842）が始まると、当時の新疆省イリに追放された。のち復職をゆるされ太平天国討伐の赴任中病死。
（注）「欽差大臣」清代におかれた臨時の官職。皇帝直属で、内乱鎮圧、対外重要問題処理などを担当した。

藺 相如 lìn xiàng rú 生没年未詳

藺相如（りんしょうじょ）、戦国時代の趙の政治家。恵文王に仕え、和氏の璧（かしのへき、玉の一種）を城15と交換するために秦に使いしたが、秦の昭王の策謀を見抜き、璧を全うして持ち帰ったという「完璧（かんぺき）」の故事、および将軍、廉頗（れんぱ）との「刎頸の交わり」で名高い。

刘邦 liú bāng

劉邦（りゅうほう）、漢の高祖を見る（43頁参照）。

劉の簡体字は「刘」と書く。そこで劉姓の説明では「文刀刘(ウエンダオリュウ)」という方法がある。これは「文」に「りっとう(刀)」という意味である。「劉」さんには「文刀刘」と「劉邦の劉さんですね」とやるとよい。

刘 备 liú bèi (161—223)

劉備(りゅうび)、三国時代の蜀漢の建国者。字は玄徳、諡(おくりな)は照烈帝。前漢の景帝の子孫。関羽、張飛、諸葛亮を従え、魏、呉と覇を争った。先主とも呼ばれる。

刘 彻 liú chè

漢の武帝を見る(43頁参照)。

刘 海儿 liú hǎir

劉海児(りゅうかいじ)、神話上の仙童。前髪を垂らし、ヒキガエルの上に乗り、銭差し(穴開き銭の束)を手にしている。

刘 伯承 liú bó chéng (1892—1986)

66

劉伯承(りゅうはくしょう)、革命家、軍人、1923 年四川東路討伐軍指揮官。26 年中国共産党入党。抗日戦争時、八路軍第 129 師団長、中共中央政治局員などを歴任。55 年元帥となる。戦闘で右眼を失明している。

劉 基 liú jī (1311−1375)

劉基(りゅうき)、元末明初の文学者、政治家。1333 年進士に及弟。初め元に仕え、47 歳で棄官、49 歳でのち朱元璋(のちの洪武帝)のもとに投じ、軍師として明の建国に大きな功績をあげ、漢の張良や蜀の諸葛亮にたとえられた。博学で天文、数学なども詳しく、詩文にもすぐれていた。

劉 三姐 liú sàn jiě

劉三姐(りゅうさんじえ)、8 世紀初頭、チワン族の伝説の歌仙。幼少から歌がうまく、美しく成長し、意に染まない結婚を迫られ恋人の張偉望と出奔して行方不明となる(心中するとしたのもある)。この他、劉三姐の伝説は数多くあり、チワン族では 3 月 3 日を「歌仙節」として、盛大に祝う。

劉 少奇 liú shào qí (1898−1969)

劉少奇（りゅうしょうき）、革命家、政治家。湖南省寧郷出身。ソ連留学中に共産党に入党。労働者のストや国民党支配活動下での地下活動を指揮。抗日戦争は延安で要職を歴任した。毛沢東と対立し、文革中に失意のうちに病死。

刘 希 夷 liú xī yí （651－678？）

劉希夷（りゅうきい）、初唐の詩人、675進士。「代悲白頭翁」「白頭を悲しむ翁に代わりて」は代表的な名作。その「年年歳歳花相似たり、歳歳年年人同じからず」の2句を、おじの宋之門が自分に譲るよう頼んだのにことわって、恨みをかって暗殺されたという逸話がある。酒を飲み琵琶もよくしたといわれる。何故かトランプにも百科全書にもこの人の名はない。

刘 暁波 liú xiǎo bō （1955－　）

劉暁波（りゅうぎょうは）、吉林省長春出身の評論家、民主化運動家。2010年ノーベル平和賞受賞。北京師範大学で学び、同校教員、88年文学博士号を取得。

刘 秀 liú xiù （前6－後57）

劉秀（りゅうしゅう）、後漢の初代皇帝。在位25－57。王莽（おうもう）の大軍を混陽で破り、河北、山東一帯を平定し、25年帝位について漢を再興、洛陽に都した。赤眉の乱を平定して天下を統一、善政をしき、儒学を奨励して後漢王朝の基礎を築いた。この人は光武帝として知られる名君で、こんな話がある。

彼があまりに政務に熱心で、朝早くから夜遅くまで働くので、皇太子が身体を心配して、少し休むように勧めたところ、「すきなことをやっていると、疲れを感じない」と答えたことから「楽此不疲 ローツーブーピー」という成語として残った。

柳 下 恵 liǔ xià huì 生没年未詳

りゅうかけい、領地が柳下にあり、諡（おくり名）は恵。真面目で道徳を守る人物として、我が国の「石部金吉」に相当。道に行き暮れた女性を家に泊めたり、道で出会った見知らぬ女性が寒さにこごえていたのを抱いて温めたが、誰からも男女の秩序を乱した、と言われるようなことはなかったという。江戸川柳にも「据え膳を 食わずに帰る 柳下恵」がある。

また、ある晩、美しい女性が彼の家に泊まり、誘惑しようとして彼の膝の上に座っても、心が乱れなかったということから「坐懐不乱 zuò huái bù luàn」という成語ともなっている。論語の中では、筋を曲げない人としてあげられている。

柳 宗元 liǔ zōng yuán （773-819）

　　りゅうそうげん、中唐期の文人。唐宋八大家の一人。礼部
員外郎となったが失脚、柳州に左遷されたまま死亡。韓愈と
ともに古文復興を唱え、田園詩に優れて、王維、孟浩然、韋
応物と並称された。トランプではハートの10。

　「柳州の峨山に登る」

　荒山　秋日なり

　独り上がれば　意（こころ）悠悠

　如何せん　望郷の処

　西北は　是れ融州

　井伏鱒二の訳

　アキノオンタケココノツドキニ

　ヒトリノボレバハテナキオモヒ

　ワシノ在所ハドコダカミエヌ

　イヌキノカタハヒダノヤマ

また、「孤舟　蓑笠（さりゅう）の翁　独り寒江に釣る」の水墨
画の世界を詠んだ「江雪」でも知られる。百科全書もこの句。

刘 禹锡 liú yǔ xī （770-842）

　　劉禹錫（りゅううしゃく）、中唐期の詩人、柳宗元、白居易
と親しく詩を応酬し、「劉柳」「劉白」と称された。民間で歌

70

われていた「竹枝詞」などを文学作品に高められたことで知られる。トランプはハートの3。小学百科全書に4首ある。

「秋風引(しょうふういん)」が有名。

何れの処よりか秋風至る

蕭々として雁群を送る

朝来庭樹(ちょうらいていじゅ)に入り

孤客最も先に聞く

魯班 lǔ bān

ろはん、前6世紀、春秋時代の魯の工匠。姓は公輸、名は般。魯班と呼ばれる。高い城壁を攻める雲梯を考案したり、のこぎりやかんなを考案し、線を引くための墨斗(すみつぼ)、曲尺(かねじゃく)などの大工用具を発明したとされ、後世、大工の祖師とされる。

魯般とも書く。

「班门弄斧 bān mén nòng fǔ」の成語もこの人。

魯班の門前で斧を振りまわす。専門家の前で腕前を見せびらかそうとする。すなわち、身のほどを知らない、の意味。

魯迅 lǔ xùn (1881－1936)

ろじん、作家、評論家、本名周樹人。浙江省紹興の没落地

主の家に生まれる。医学を志し公留留学生として日本に渡るが、のちに文学に転向。帰国後、文学革命の中で18年小説「狂人日記」21年「阿Q正伝」などを発表。中国近代文学の基礎を築く。反動政府を逃れ4度にわたって上海の内山書店の内山完造宅に避難した。

魯 智 深 lǔ zhì shēn

ろちしん、水滸伝で人気のある英雄。「花和尚」とあだなされる破戒僧で、金翠蓮親子を助けるため、非道な肉屋を打ち殺す場面や、五台山での坊主修業中の無頼ぶりなどが有名。

陆 游 lù yóu (1125−1210)

陸游(りくゆう)、南宋の文人。南宋の第一の詩人としても、北宋の蘇東坡(92頁参照)と並称される。激情の愛国詩人であるとともに、日常の生活をこまやかに歌い上げた。一万首近くの詩が今に伝わる。次の「游山西村」の中の句。

柳暗花明(りゅうあんかめい)又一村(またいっそん)

柳がこんもり茂り、花が明るく咲くあたり、また一つの村に出る、が有名。トランプはスペードのエース。

「柳暗花明」で春の美しい風景を指す。花は桃の花。転じて花柳街、遊里、色町を指す語にもなった。

呂 不韦 lǚ bù wéi （?－前235）

呂不韋（りょふい）、秦の宰相。大商人。荘襄王に仕えて承相となり、始皇帝に仲父と尊称されたが、密通事件に連座して自殺。編著「呂氏春秋」がある。これに、一字でも添削できた者には千金を与えようと言ったという。これから「一字千金」という成語となった。
　（注）「仲父」父の兄弟のうち年長順で2番目にあたる叔父。

呂 洞宾 lǚ dòng bīn

呂洞賓（りょどんひん）、八仙の一人。気品のある中年の道士の姿で表されることが多い。常に剣を持ち、元曲「呂洞賓三酔岳陽桜」に見えるように酒色を好んだとされる。道教全真道の北五祖の一人とも言われる。呂祖（りょそ）とも。八仙の中心的人物で、歇后語にも登場するなど人気がある。

呂 后 lǚ hòu （?－前180）

呂后（りょこう）、前漢の高祖劉邦の后。高祖の子恵帝の死後、政権を掌握し、自分の一族を諸侯に封じたため、呂氏の乱を招いた。韓信を殺害したり、後世の評判は芳しくない。

罗 贯 中 luó guàn zhōng （約1330—約1400）

羅貫中（らかんちゅう）、元末、明初の小説家。口語長編小説の先駆者で「三国志演義」を書いた以外にも「水滸伝」の編者または作者の一人とも言う。

麻 姑 má gu

まこ（まごとも）、中国伝説上の仙女。後漢のころ姑余山で仙道を修め、鳥のように爪が長く、それで痒いところを掻いてもらうと、とても気持ちがよかったという。ここから背中をかくのに使う、竹または木の棒の先端を人の手首の形に作ったものを「孫の手」と呼ぶ。

また、麻姑が王遠という仙人との会話で「この前お目にかかってからもう3回、滄（あお）い海が桑畑になるのをみました」と時世の移り変わりの激しいことを嘆いたという話から「滄海（そうかい）変じて桑田となる」という熟語となった。中国語では「滄海桑田 cāng hǎi sāng tián」と言う。

马 寅 初 mǎ yín chū （1882—1982）

馬寅初（ばいんしょ）、経済学者、北京大学学長。現実的人

口抑制論で毛沢東と衝突、学長の座を追われる。1979 年名誉
回復。

　「馬」という姓を説明するのに「千軍万馬」の馬とか「馬
到成功」「馬上成功」の馬というような言い方がある。

　「馬到成功」立ちどころに成功する、の意の成語で、吉祥
語としてよく使う。干支(えと)のうまどしには、この文句が
街中にあふれる。

马 远 mǎ yuǎn 生没年未詳

　馬遠(ばえん)、南宋の画院画家。夏珪(かけい)とともに南
宋の院体山水画を代表し、「馬夏」と並称される。日本の室町
期の山水画に大きな影響を与えた。

妈 祖 mā zǔ （960？—987？）

　まそ、民間信仰における女神。実在した官吏の娘黙娘が神
となり、台湾をはじめ東南アジア各地で、千里神と順風耳を
脇侍させて媽祖像を祭祀する寺廟として信仰を集めている。

　日本にも横浜の媽祖廟をはじめ 30 以上ある。

茅 盾 máo dùn （1896—1981）

ぼうじゅん、リアリズム作家として魯迅の後継者と言われる。建国後、文化部長、作家脇会主席。主著「子夜」。

毛 泽东 máo zé dōng （1893—1976）

毛沢東（もうたくとう）、革命家、政治家、思想家。中国革命、文化大革命の最高指導者。ソ連型社会主義を批判。主著「毛沢東選集。」功績もあるが失敗もあり、功罪の比率は、歴史が決めることだろう。

梅 兰芳 méi lán fāng （1894—1961）

梅蘭芳（めいらんほう）、京劇俳優、名女形。抗日期に髭を蓄え、対日協力を拒否。建国後、中国京劇院院長。日本には1911、24、56 年の３度にわたって来日したほか、アメリカ、ソ連などにも訪れて京劇を世界に紹介。

蒙 恬 méng tián （？—前210）

もうてん、秦の将軍。前215年、30万の兵を率いてオルドスに匈奴を討ち、万里の長城建設にも協力して北辺防備に尽くしたが、始皇帝没後、趙高らの謀略にあい自殺した。

孟 尝君 mèng cháng jūn （？—前279）

孟嘗君(もうしょうくん)、斉の公族。一芸に秀でた食客は
数千人に及んだという。秦の昭王に暗殺されかけたとき、狗
盗(こそどろ)と鶏鳴(とりの鳴きまね)を得意とする食客に救
われたという「鶏鳴狗盗」の故事で有名。

孟 浩然 mèng hào rán （689—740）

もうこうねん、盛唐の詩人。陶潜を慕う。「春暁(しゅんぎ
ょう)」で日中ともに有名。
　春眠不覚暁　処処聞啼鳥
　夜来風雨声　花落知多少
　この詩は、中国では小学校時代に暗唱するように奨励され
ている。念のため読み下しをすると、
　春眠暁(あかつき)を覚えず
　処処(しょしょ)啼鳥(ていちょう)を聞く
　夜来(やらい)風雨の声
　花落(おつ)ることを知る多少
　(注)最後は「多少なるを知る」と読む人もいる。

孟 姜女 mèng jiāng nǚ

もうきょうじょ、民間伝説で、秦の始皇帝の時代、夫が万里の長城の使役に駆り出されたので千里の道をはるばる冬着を届けに行き、長城に着いた時に、夫が死んでいたことを知り、10日間も哭泣して止まず、ために万里の長城も崩れ遺骸を得た、とされる。民謡として数種がある。

孟郊 mèng jiāo （751－824）

　もうこう、中唐の詩人。46歳のとき、科挙の試験に合格し、その喜びを歌った。
　「春風得意馬蹄疾、一日看尽長安」から「走馬看花」走る馬から花を見る。転じて、大雑把に物事を見る、の成語を残した。
　また、この成語をもじって「下馬看花」という言葉もあり、徹底的に調査研究する、の意。
　なお、中国旅行の感想を聞かれたときなどに、「今回の旅行は、『走馬看花』だったが、次回は『下馬看花』の旅行がしたい」なんて言えば、かなり受けるはず。

孟子 mèng zǔ （約前372－前289）

　もうし、戦国期の思想家、儒家、子思の門人に学ぶ。「性善説」「王道論」「易姓革命」説を唱える。「孟母三遷の教え」「孟

母断機の教え」で有名。

　江戸川柳にもこんなものがある。

　おっかさん　又越すのかと　孟子言い

　機(はた)を切る　孟母は短慮　功をなし

明 太祖 mǐng tài zǔ　(1328−1398)

洪武帝を見る(45頁参照)

莫 言 mò yán　(1955−　)

　ばくげん、作家、人民解放軍に入隊。86年「赤いコーリャン」を発表。87年映画化。2012年ノーベル文学賞受賞。

墨 子 mò zǐ　(約前468−前376)

　ぼくし、戦国時代の思想家、墨家の祖。孔子の仁を差別愛と批判。無差別的博愛の兼愛、非攻、平和論を説く。墨子が宋の城を楚の攻撃から9度にわたって守ったという「墨子」の公輸の故事から、自己の習慣や主張などを、かたく守って変えないことを「墨守」するという言葉が生まれた。中国語では「墨守成規 mò shǒu chéng guī」という成語となっている。

穆 桂英 mù guì yīng

ぼくけいえい、北宋時代の京劇の「楊家将」の自分が打ち負かした楊宋保の妻。才知にたけ、武芸に優れ、遼軍が侵攻してきたときに大いに活躍した英雄。京劇で人気がある役柄。

哪吒 né zhā

哪吒（なた）、毘沙門天（びしゃもんてん）の王子で、仏教の護法神の一人、子供の姿をした神で「西遊記」「封神演義」に登場し、古来広く人々に親しまれている。手に火を吹く槍を持っている。

聶 耳 niè ěr （1912−1935）

聶耳（じょうじ）、雲南省出身の音楽家。後に中華人民共和国国歌となった義勇軍行進曲の作曲者（作詩は田漢）。多くの民族楽器を能くし、30余りの革命歌曲を作曲している。日本の神奈川藤沢の鵠沼海岸において溺死。中国百科検定出題。

聶 荣臻 niè róng zhēn （1899−1992）

聶栄臻（じょうえいしん）、軍人、政治家、23 年共産党入党。建国後、副総理、科学委員など軍の近代化に貢献。

聶 卫平 niè wèi píng （1952—）

聶衛平（じょうえいへい）、囲碁棋士。1976 年に来日し日本の棋士をことごとく破り、聶施風を起こした。日中の対抗戦でも活躍し、鉄のゴールキーパーと呼ばれた。

努尔哈赤 nǔ ěr hā chì （1559—1626 ）

奴兒哈赤（ヌルハチ）、清朝の建国者で第一代皇帝。八旗制を創設し、モンゴル文字を応用し満州文字を制定した。

女 娲 nǚ wā

女媧（じょか）、泥をこねて人間を作ったとされる伝説上の女神。天地が崩壊してこの世が混乱したとき、女媧が五色の石で天を補修した物語「女媧補天」が知られている。

欧阳 修 ōu yáng xiū （1007—1072）

欧陽脩(おうようしゅう)、北宋の政治家、学者。王安石と対立、古文復興。「唐宋八大家」の一人。

「酔翁之意不在酒」私の心は酒にはなくて、「在乎山之间」山水の間に在る（山水の間とは佳人を指すと言われる）の文句を残したことでも有名。この文句「女性のいる処へ連れていけ」なんて、品のない言葉の代用となります。

欧陽が姓(複姓)で、王陽明は王が姓(単姓)。

潘 金莲 pān jīn lián

潘金蓮(はんじんれん)、「水滸伝」「金瓶梅」に登場する希代の淫婦、悪女。金蓮は本来、てん足した小さな足の意。「金瓶梅」の題名は、小説の主要登場人物、潘金蓮、李瓶児、春梅の三人の名前から。主人公は西門慶(せいもんけい)という薬商。

「潘」さんという女性に会ったとき、「潘金蓮」の潘さんですねとやって、とても嫌な顔をされた経験がある。教科書的な説明法は、「三点水右边加轮番的番」すなわち、さんずいの右側に、代わるがわるの「輪番」の番を加える。これは長くて発音も難しいので、次項の「潘岳」の「潘」さんがおすすめ。

潘 岳 pān yuè (247－300)

はんがく、西晋の文人。秀才（科挙の合格者）となり、諸官を歴任したが、政争に巻きこまれて殺害される。大変な美貌のの持ち主として、後に美男子の代名詞とされる。日本で言えば在原業平（ありわらのなりひら　ありはらのなりひら」に相当。

盘 古 pán gǔ

盤古（ばんこ）、中国神話で天地を開いたとされる人物。天地が未分化の混沌の中から生まれ、1万8000年をかけて天と地を分けた。死んだのち身体が太陽、月、星、山、川等になった。このことを「開天辟地 kai tian pi di」と言い、略して「開闢かいびゃく」は世界の始まり「開闢以来の出来事」のように使う。

彭 徳怀 péng dé huái （1898—1974）

彭徳懐（ほうとくかい）、軍人、政治家。湖南省出身。28年共産党入党。建国後、国防部長など、廬山会議で「大躍進」を批判、失脚。文革で迫害され死亡。78年名誉回復。

彭 湃 péng pài （1896—1929）

ほうはい、初期の中共指導者。早稲田大学留学中、建設者
同盟に参加、海陸豊に初のソビエト政権建設。

　（注）1927年10月、広東省東江地方の海豊、陸豊県一帯の農
民は南昌から南下する紅軍に呼応して武装蜂起し、11月海陸
紫（海豊、陸豊、紫金）ソビエト政府を樹立し、土地革命を実
行したが、28年2月軍閥の攻撃を受け4ヵ月足らずで解散し
た。この政権が広東コミューンの先駆となった。

蒲 松 齢 pú sōng líng （1640−1715）

　蒲松齢（ほしょうれい）、清初の文人。郷試には落第を続け、
ついに挙人になれなかった。主著「聊斎志異」は日本にも早
く伝わって広く読まれ、明治以降に特に流行し、多くの翻訳、
翻案が試みられている。

溥 儀 pǔ yí （1906−1967）

　愛新覚羅、溥儀（あいしんかくら）7頁を見る。

齐 白 石 qí bái shí （1863−1957）

　斉白石（せいはくせき、またはさいはくせき）、篆刻家、画

家。張大千(128頁参照)と並ぶ画家。貧しい生まれで独学で境地を開いた。広大な山水画より、魚、エビ、カニ、カエルなどを得意な画題としたので、中国料理店などで作品のコピーを目にすることが多い(本物ならウン百万円？)。

钱 学森 qián xué sēn （1911—2009)

　銭学森(せんがくしん)、科学者。カリフォルニア工科大学に留学し、39年ロケット工学の博士号を取得。55年帰国後は中国科学院力学研究所長などを歴任、人工衛星、ロケット、ミサイルの開発に多大な貢献をした。

乾 隆帝 qián lóng dì （1711—1799)

　けんりゅうてい、清の第6代皇帝。在位 1735～1795。康熙帝(こうきてい)雍正帝(ようせいてい)に続く清朝の最盛期。外征を行い西域を国土化したほか、チベットにまで帝国の版図を広げ、この領土が現在の中国の版図の基礎となっている。
　また、学術を奨励し、「明史」「四庫全書」など多くの欽定書を編さんさせた。愛新覚羅弘暦(あいしんかくらこうれき)。

秦 桧 qín huì （1090—1155)

秦檜（しんかい）、南宋の宰相。高宗の寵愛を受けながら、金から賄賂を受け取り投降を主張して主戦論を抑え、抗金派の岳飛を獄死させ、金と和議を結んだ。国家の英雄とされる岳飛を祭る杭州の岳飛廟にはひざまずく秦檜の夫婦像があり、奸臣の典型として今もってつばをかけられている。中国歴史上最大の悪人扱い、と言える。「東窓事発 dōng chuāng shì fā」成語、悪事が露顕する。岳飛を陥れる密議を東窓の下で、秦檜夫婦が行ったことが、地獄ではとっくにばれていて、秦檜が病死した後、そちらで責められている、という故事から。

秦 始皇 qín shǐ huáng （前259─前210）

始皇帝（しこうてい）、秦の初代皇帝。名は政。前221年、中国を統一して絶対王制を敷いた。郡県制の実施、度量衡、貨幣の統一、焚書抗儒による思想統一、万里の長城の修築、阿房宮、陵墓の造営など事績が多い。しかし、国民に多大な負担を強いたこともあり、死後数年で帝国は崩壊。

秋 瑾 qiū jǐn （1875─1907）

しゅうきん、革命家。婦人解放運動家。浙江省紹興の人。1904年日本に留学、1905年頃光復会と同盟会に加入。帰国して革命運動に従事、安慶において決起したが失敗し逮捕され

「秋風秋雨　人を愁殺す」の句を残し、33歳で刑死。

屈　原　qū yuán　（約前340－約前278）

くつげん、楚の政治家、文学者。楚の王族に生まれ懐王に仕え、三閭（りょ）の大夫（王室のことをつかさどる長官）となった。潔癖な性格で、国務に精励したが、反対側のざん言にあって追放され、失意のうちに汨羅（べきら、今の湖南省北東部を流れる川）で投身自殺した。屈原の遺体が魚に食べられないように、ちまきを作って川に投じたと言われる。ここから端午の節句にちまきを食べる習慣が始まったとも言う。屈原は正気で李白（56頁参照）は酔って水死したのを踏まえて「屈原はさめて李白は酔って死に」と江戸川柳にある。

阮　籍　ruǎn jí　（210－263）

げんせき、三国魏の思想家、老荘思想を好む。竹林の七賢人の一人。官職に執着せず、形式的な儒教を批判した。白眼、青眼の故事で有名（白眼視という語）。気にいらない人には白眼で、好感のもてる人には青眼（黒目）で対したという。

商　鞅　shāng yāng　（約前390－前338）

しょうおう、戦国時代の政治家、法家。衛の公子。秦の孝公に仕え、法家的改革を断行して郡県制の実施などで秦の発展の基礎をつくったが、強圧的な改革と厳しい信賞必罰の政策が旧貴族の反発を買い、孝公の死後、公族に憎まれ車裂きの刑に処せられた。なお、商鞅は商（河南省商県）の領地を賜ったことから姓 公孫が商君とも呼ばれる。

沈 钧儒 shěn jūn rú （1875−1963）

ちんきんじゅ、政治家、「抗日七君子」の一人。民主同盟結成に参加、建国後、最高人民法院院長、全国政協副主席など。

施 耐庵 shī nài an （?−1370?）

したいあん、元末明初の物書き。羅貫中などの協力で「水滸伝」を著す。他にも「三国志演義」や「平妖伝」も羅貫中との合作であるという説もあるが、存在も疑問視されている。

释伽牟尼 shì jiā móu ní
（前 463 頃−前 383 頃）

釈迦牟尼（シャカムニ）、仏教の開祖、世界三大聖者の一人。

紀元前5世紀ごろ、インドの釈迦族の王子として誕生。29歳で宗教生活に入り、35歳で成道した。45年間の布教ののち、80歳の2月15日に入滅。釈迦如来。釈迦。

順治帝 shùn zhì dì (1638—1661)

じゅんちてい、清朝の第3代皇帝。ヌルハチの孫。燕京(北京)に遷都、明の残存勢力を鎮定して全土の統一に努め、清朝の中国支配の基礎を固めた。アイシンギョロフリン。

司马光 sī mǎ guāng (1019—1086)

しばこう、北宋の政治家、歴史家。神宗のとき王安石の新法に反対して辞職。「資治通鑑(しじつがん)」の編纂に没頭、神宗没後に宰相となり、旧法の復活に尽力したが、8か月後に病死。司馬温公とも称される。また、7歳のとき、子供らと遊んでいて、一人が誤って大きな水がめに落ちた際、大きな石でたたき壊して子供を救った話は中国及び日本では有名。
　この逸話を踏まえた江戸川柳
　年の功　より温公は　かめの功

司马迁 sī mǎ qiān (前145頃—前86頃)

司馬遷（しばせん）、前漢の歴史家。武帝のとき、太史令となり、歴法の改革に参加。匈奴に降った李陵を弁護したため、宮刑（きゅうけい）に処せられ、のち、父の司馬談の遺志を継いで「史記」を完成させた。この史記は、黄帝から前漢の武帝までの二千数百年を扱っている通史。

司马 相如 sī mǎ xiāng rú （前179−前117）

しばしょうじょ、前漢の文人。卓王孫娘卓文君と愛し合い、成都に駆け落ちする。漢代における賦（漢文の文体の一。対句を多用し、句末で韻をふむもの、赤壁の賦が有名）の代表的作者。「司馬」は中国に数少ない複姓の代表。他に複姓としては「欧陽」「諸葛」など（81, 141 頁参照）。

松赞 干布 sōng zàn gān bù （581？−649）

ソンツェンガンポ、吐蕃（とはん）古代チベット王国を建設した王。チベット高原の諸族を初めて統一して国家体制を確立。妃とした王女と唐の文成公主によって仏教が伝えれれた。また、チベット文字もこの頃整えられた。

宋江 sòng jiāng

そうこう、北宋の徽宗宣和年間に山東省梁山を根城に起こした反乱の首領。「水滸伝」では英雄達の指導者であるが、武芸が劣り優柔不断であったとされる。「宋」姓の説明法としては「宋朝 chao 的宋」がある。

宋 美齢 sòng měi líng (1901−2003)

宋美齢(そうびれい)、政治家、蒋介石夫人。宋靄齢、宋慶齢、宋子文の妹。蒋介石の妻として政治、財界、外交に大きな影響を有した。75 年蒋死後はアメリカで生活。

宋 庆齢 sòng qìng líng (1893−1981)

宋慶齢(そうけいれい)、政治家、名誉国家主席、孫文夫人。宋靄齢の妹で、子文と美齢の姉。1913 年アメリカより帰国後孫文の秘書を務め、1915 年日本で孫文と結婚した。孫文逝去後も反帝国主義活動に続け、その象徴的存在として人民共和国成立後も要職を歴任した。

宋 太祖 sòng tài zǔ (927−976)

太祖のこと(96 頁参照)

宋 子文 sòng zǐ wén （1894—1971）

　そうしぶん、実業家、政治家。四大家族の宋家の一員。中華民国財政部長、外交部長、中国銀行理事長。宋慶齢の弟。

苏秦 sū qín （?—前317）

　蘇秦(そしん)、戦国期の策士。鬼谷子(蘇秦、張儀の師とされる)に学び連衡策を説く張儀とともに縦横家。秦への合従策を説く。連衡策に破れ、斉で殺される。

　大国の秦に対抗して、六国同盟を説いたときの言葉「鶏口となるも牛後となるなかれ」を後世に残した。

　また、若いとき、眠くなると股にきりを刺して眠気を払って勉強し、漢の孫敬は頭髪に結んだ縄を天井の梁にかけて休まずに学んだという故事から「懸梁刺股 xuán liáng cì gǔ」という成語となっている。

　＊縦横家　戦国時代の諸子百家の一。合従や連衡を説いた一学派。

苏轼 sū shì （1037—1101）

　蘇軾(そしょく)、北宋の文人、進士、唐宋八大家の一人。

赤壁賦で有名。蘇東坡とも。中国料理の一つ、トンポーロー（東坡肉）は彼が考案したとも、好んだとも伝えられる豚の角煮。父は蘇洵（そじゅん）、弟の蘇轍（そてつ）と合わせて「三蘇」とよばれる。

　蘇軾の名を知らなくても「春宵一刻値千金」の文句を知らない人はいないだろう。江戸川柳にも「春宵一刻　あたいは三歩（ぶ）なり」がある。なお、「三歩」は吉原の高級遊女の揚げ代で、一両の四分の三。

苏 武 sū wǔ （前140頃－前60）

　蘇武（そぶ）、前漢の武将。匈奴に使節として行き、19年間拘留されたが、節を守りとおして帰国した。「雁（かり）の使い」の故事で有名。これは、捕らえられた蘇武が、手紙を雁の足に結びつけて放ったという故事。手紙の異名の雁書、雁の便りの元。

随 炀帝 suí yáng dì （569－618）

　煬帝（ようだい）、隋の第2代皇帝。姓は楊、名は広。「煬」は悪逆な皇帝を示す諡（おくりな）。兄を失脚させ、父を殺して即位。東都や大運河建設などの大工木工事、高句麗遠征などで人民を酷使したため各地に反乱が起こり、臣下の宇文化

及(ウブンカキュウ)に殺された。

　聖徳太子が派遣した小野妹子が、煬帝に国書を提出したのが、有名な「日出づる処の天子。書を日没する処の天子に致す。つつがなきや」であり、この文章が煬帝を怒らせたと言われている。

孫 臏 sūn bìn （前4世紀）

　孫臏(そんびん)、戦国時代の斉の兵法家。同学の龐涓(ほうけん)に才能をねたまれ、両足を切断されたが、のち、斉の威王に軍師として仕え、龐涓の率いる魏軍を破った。孫武の子孫という。「孫子」の著者はこちらという説もある。

　「孫」という字は、簡体字では「孙」、すなわち、子より小さいから「孙」ということ。しかし、名刺などでは従来(繁体字)の「孫」という字を使っている人もいる。

孫 思邈 sūn sī miǎo （581—682）

　孫思邈(そんしばく)、唐初に活躍した医者、神仙家。薬上真人とも言う。当時の医学における幅広い知識を集大成した医書「千金方」「千金翼方」などを著し、後代「薬王」と呼ばれた。また、火薬の原理を明らかにしたほか、仏教や道教を研究したと言われる。

孫 武 sūn wǔ （前6世紀から5世紀）

　孫武（そんぶ）、春秋時代の兵法家。呉王の闔閭（こうりょ）に仕え、その功を助けた。「孫子」の著書、兵法の祖と言われる。孫子は尊称。「彼を知り己れを知れば　百戦殆（危）からず」は彼の言葉からで、続いて「彼を知らずして己を知れば一勝一負す。彼を知らず己れを知らざれば、戦うごとに必ず殆（あや）うし」とある。

孫 中山 sūn zhōng shān （1866—1925）

　孫中山（そんちゅうざん）、革命家、名は文、字は徳明、広東省香山県（現在の中山市）出身、三民主義の提唱者。興中会を組織し、幾度も失敗を経たが、1911年に辛亥革命が成功すると帰国し、臨時大総統に選ばれた。しかし、まもなく政権を袁世凱に譲り、日本に亡命して国民党を創立、国民革命を推進したが、志半ばで病に倒れた。遺言「革命尚未成功、同志仍努力」（革命未だならず、同志よなお努力すべし）は有名。中国、台湾の双方で「国父」として敬われる。日本では通常孫文と称される。中国百科検定出題。

太上 老君 tài shàng lǎo jūn

たいじょうろうくん、道教で、老子を神格化した称。後漢以降さまざまな伝説とともに神格化され、元始天尊を第一位として、六朝時代に道教の神の一つとしてこの名が定着した。

太祖 tài zǔ （927－976）

宋の太祖。北宋の初代皇帝。姓名は趙匡胤 zhào kuàng yìn ちょうきょういん。唐代五代の分裂を収束し、中国を再統一した。各種の改革を行い、皇帝の絶対権を確立した。馬術と弓術が得意であったと伝えられ、中国中世の繁栄時代を迎えた。また、この弟の匡義は第2代の皇帝で読書が好きで、自らに一日三巻の読書を課して、あるとき忙しくてそのノルマが果せないとき、閑な時間にそれを補って書を読むので、家来が体に障ると注意すると、「开卷有益 kai juàn yǒu yì」すなわち、読書は有益で、少しも疲れを感じない、と答えたという話が、子供向けの成語読本に載っている。

譚嗣同 tán sì tóng （1865－1898）

譚嗣同（たんしどう）、清末の政治家。戊戌の変法運動者の一人。湖南で活動「戊戌の政変」で西太后派に敗れ、亡命のすすめを断って北京の菜市で刑死。「仁学」で排満民族革命を主張。

汤 王 tāng wáng　生没年未詳

とうおう、商（後に国号は殷）王朝の創始者。姓は子、名は履（り）と言われる。夏の桀（けつ）王を討ち殷を建国、仁徳が厚く、またよく制度典礼を定め、夏の禹王、周の文王、武王とともに古代の聖王と称せられる。

唐 太宗 táng tài zōng

李世民（61 頁参照）のこと。

陶 淵明 táo yuān míng （365—427）

とうえんめい、六朝時代の東晋の詩人。官職に就いたが、束縛を嫌い、彭沢（ほうたく）県の県令を最後に、帰去来辞を作って官を辞し、故郷へ戻った。自然を愛する田園生活を送り、すぐれた詩を残した、詩では「飲酒」文では「桃花源記」が有名。

　「帰りなんいざ、田園将（まさ）にあれんとす」や「菊を采る東籬の下　悠然として南山を見る」の句は日本人にも広く知られている。

　余談　ある人が同業者の団体の会長を辞するとき、タイト

ルを「帰りなんいざ」と付けたところ、「あいつはもう一度会
長をやるつもりだ」と言ったという、笑えない話がある。ま
た、私の高校の同期生に「南山雄」という名の者がおり、漢
文の教師がこの名前を見て「いい名前を親に付けてもらった」
と言っていた話を思い出す。

田 汉 tián hàn （1898—1968）

田漢（でんかん）、劇作家。日本に留学、郭沫若らの創造社
に参加。のち脱退して南国社を創設。解放後、全国戯劇協会
主席。国歌「義勇軍行進曲」の作詞者として有名。文革中に
批判され逮捕、2年後獄中で死亡。死後名誉回復された。

铁 扇公主 tiě shàn gōng zhǔ

てっせんこうしゅ。「西遊記」の話の中で、牛魔王の妻、（羅
刹女とも言う）火焔山で悟空達を悩ませる。彼女の持つ芭蕉扇
を手に入れるため、孫悟空が苦労する。なお、「公主」は皇女
の意味。「白雪公主」は白雪姫の中国名。シンデレラは「灰姑
娘」すなわち、灰かぶりの（炉端の隅にいる）娘の意。

汪 兆铭 wāng zhào míng （1883—1944）

おうちょうめい、革命家、政治家。中国同盟会会員、国民党左派。蒋介石と対立、下野。「平和救国」を掲げ、日本の傀儡（かいらい）南京政府を組織。44年日本の名古屋帝国大学病院で病死。

王 安石 wǎng ān shí (1021—1086)

　おうあんせき、北宋の政治家、文学者、臨川（りんせん、今の江西省）の人。神宋の信任を得て、新法と言われる各種の改革を断行したが、保守派の政治家たちの反対に遭い、所期の目的は達せられなかった。唐宋八大家の一人に数えられる文豪でもあり「臨川先生文集」100巻がある。

　作家の陳舜臣さんは、色紙を頼まれると、この王安石の「人生楽在相知心」すなわち「人と生まれて楽しいものは、自分を知ってくれる人の心」と書かれたそうだ。

　なお、「錦に花を添う」（錦上添花）は、彼の七言律詩「即事」から出た成語。

　それから「王」姓の説明法は、「三横一竪王」と言う。

王 勃 wǎng bó (649?—675?)

　おうぼつ、唐代の詩人王通の孫。初唐の四傑と称され、六朝の軽薄な詩風の改革に努めた早熟の天才であったが、若く

して死亡、文章では「滕王閣序」が有名。

　彼が滕王閣で、父の住地に行く途中で宴会に出席して、その場で作った文章に「高朋満座 gāo péng mǎn zuò」（すなわち、立派な人たちで座は満ちている）がある。これは、後世、成語となって、現在でも料理店などに扁額としてよく掛けられている。

王　昌齢 wáng chāng líng （約698—756）

　おうしょうれい、盛唐の詩人。安禄山の乱のとき郷里に帰り、刺史（長官）の閭丘暁（りょきゅうぎょう）に憎まれて殺された。詩は七言絶句にすぐれ、辺塞を詠んだ詩に佳作が多く、高適、王之渙と並び称される。

　「芙蓉樓送辛漸　芙蓉楼にて辛漸（友人の名）を送る」

　寒雨　江に連なって　夜　呉に入る

　平明　客を送れば　楚山孤なり

　洛陽の親友　如し相問わば

　一片の氷心　玉壺に在りと。

　（ひとひらの氷が玉の壺の中にあるように　澄みきった心で少しも変わらないと伝えてほしい）。

　辺塞詩として「従軍行」が有名。トランプではスペードの3。

王　充 wáng chōng　（約27—97頃）

おうじゅう、後漢の思想家、貧しい家の出身だが苦学して「論衡ろんこう」30巻を著して合理的批判精神に富む独自の思想を展開した。中国最初の無神論者と言われる。

王 夫之 wáng fū zhī （1619—1692）

おうふうし、明末清初の思想家。晩年石船山に居を構えたので船山先生と称せられた。清軍の南下に抵抗したがのちに隠退して学問著述に専心、各方面にわたる研究を残した。その強い排満思想や、朱子学を出た独自の思想は、後世に大きな影響を及ぼした。著「宋論」「周易外伝」「張子蒙注」など。

王 翰 wáng hàn （687？—727？）

おうかん、盛唐の詩人。710年進士に及第、豪放な性格で、酒色にふけったため駕部員外郎（天子の車や郵便のことをつかさどる官）にまでなったが、後に失脚して都を追われた。

古来、七言絶句の傑作とされるのが以下。

涼州詞（りょうしゅうし）

葡萄美酒夜光杯

欲飲琵琶馬上催

酔臥沙場君莫笑

古来征戦幾人回

読み下し文は以下

葡萄の美酒　夜光の杯

飲まんと欲すれば　琵琶　馬上に催す

酔ひて沙場に臥す　君　笑うことなかれ

古来　征戦　幾人かかえる。

この詩も中国では、小学校時代に暗唱を奨励されているものの一つである。

王　莽 wǎng mǎng（前45−後23）

おうもう、前漢末の政治家。新朝の創立者。在位9〜23。平帝を立てて政権を握り、のち平帝を毒殺して帝位に就き、国号を新とした。復古主義を唱え、経済の改革をおし進めたが失敗。緑林や赤眉の乱の中で殺された。

王　母娘娘 wǎng mǔ niǎng niang

西王母（せいおうぼ）とも言う。中国古代神話の仙女。崑崙（こんろん）山に住み、その庭に植えてある蟠桃 pán táo を食べると不老長寿になるという。桃を抱いた仙女の絵があれば、この西王母と思って間違いない。

なお、崑崙は中国古代の伝説上の山であるが、崑崙山脈は中国西部の大山脈で、バミュール高原から四川盆地の西まで、

東西に連なり、長さ約 2400 キロ。

王 实甫 wáng shí fǔ 生没年未詳

　おうじつぽ、元代の戯曲家。鶯鶯と張生の恋物語である「西正廂記(せいそうき)」の原作者。元曲の最高傑作とされる。二人の仲をとりもった侍女の名が「紅娘」のとことから「紅娘」は、恋の手引きをつとめる人、仲人役の女性のことを指す。中国版キューピッド。なお、この主人公、崔鶯鶯が中国百科検定二級に出題されている。

王 维 wáng wěi (609?－761)

　王維(おうい)、盛唐の詩人、画家。山水に優れ南画の祖、詩は「詩中に画あり」と評される。
竹里館
独り坐す　幽篁(ゆうこう)の裏
琴を弾じ　復(ま)た長嘯(ちょうしょう)す
深森　人　知らず
明月　来たりて相照らす

元二の安西に使するを送る
渭城の朝雨　軽塵をうるおし

客舎青青　柳色新なり

君に勧む　更に尽くせ一杯の酒

西のかた陽關を出ずれば故人無からん

　これは「陽関三畳」として、日本人にも人気が高い。また、仏教を深く信仰したところから、杜甫の「詩聖」李白「詩仙」に対して「詩仏」とも言う。

　竹里館の詩をもじった江戸川柳

　深林人知れず　竹の子を盗み

王 熙凤 wáng xī fēng

　王熙鳳(おうきほう)、清代の小説「紅楼夢」の主要な登場人物。向こうっ気が強い女性の代名詞にも用いられる。小説中で「鳳姐」と呼ばれる(ずる賢く世事にたけている女性の代名詞、としてある辞書もある)。また、「鳳姐」で香港では自室で個人営業する売春婦、という新語までもある。

王 羲之 wáng xī zhī (307—365)

　おうぎし、東晋の書家。その書は古今第一とされる。蘭亭序、十七帖などが有名で書聖とされる。「入木(じゅぼく)三分」の成語は、彼が板に書いた字の墨が、木に深くしみ込んだという故事から。意味は、筆力が雄勁である。転じて、議論が

深い。観察が鋭い。「入木」は「書跡、墨跡」のこと。

王 阳明 wáng yáng míng (1472—1528)

王陽明（おうようめい）、名は守仁、宋の朱子学に反対し、陸九淵の学説に基づいて実践を重んじ、知行合一（認識と実践を一体とする）の説を主張した。王陽明の出身地が姚江のほとりであったので、世にこれを姚江学派と言う。陽明学の祖。彼は文人でありながら多くの反乱を平らげて、その輝かしい武功は明朝第一とまで言われる。

王 昭君 wáng zhāo jūn 生没年未詳

おうしょうくん、前漢の宮女。匈奴との和親政策のため呼韓邪単于（こうかんやぜんう）（注）に嫁がせられた。その哀話は、戯曲「漢宮秋」などの文学作品や、人物画「明妃出塞図」の題材となっている。四大美女の一人とされる。
（注）「単于（ぜんう）」とは、匈奴の国家の君主の称号。日本でも安田靫彦（ゆきひこ）さんが、1947 年「王昭君」として描いている。（東京国立近代美術館蔵）

王 之渙 wáng zhī huàn (688—742)

おうしかん、盛唐の詩人。辺塞の風物を好んで詠んだが、現在する詩は6首にすぎない。

　涼州詞（りょうしゅうし）

　黄河遠上白雲間

　一片孤城万仞山

　羌笛何須怨楊柳

　春光不度玉門関

　読み下し

　黄河遠く上がる　白雲の間

　一片の孤城　万仞の山

　羌笛（きょうてき）何ぞ須（もち）いん　楊柳を怨むを

　春光度（わた）らず　玉門関

　この詩も中国の小学生には、暗唱すべきものの一つとしてあげられている。また、「古代詩トランプ」という有名な詩人をトランプの顔にしたものが手許にあるが、ダイヤの4の札に、絵が王の名前とこの詩で書かれている。李白と杜甫は当然ジョーカーの札。

韋 応物 wéi yīng wù (737−791)

　韋応物（いおうぶつ）、中唐の詩人。若い頃に任侠に身を投じたが、のち学問に励んだ。陶淵明に心酔。自然詩人として、王維、孟浩然、柳宋元と並び称される。この人はトランプではクラブの5。

卫青 wèi qīng (?－前106)

衛青（えいせい）、前漢の武将。霍去病（50頁参照）の叔父。武帝に重用され匈奴の討伐に功を立て、大司馬の地位を得た。

（注）大司馬（だいしば）、古代中国の官名。漢代には軍事を任とした大尉。

魏徴 wèi zhēng (580－643)

ぎちょう、唐初の政治家、詩人。太宗に召し出され、「貞観の治（ち）」をもたらした。

「唐詩選」の昌頭の詩「述懐」の作者。その中の名文句が、

「人生　意気に感ず　功名　誰が復（ま）た論ぜん」

（注）「貞観の治」唐の太宗の治世。賢臣、名将に補佐され、官制の整備、領土の拡大、学芸の奨励により、国力を充実させた（61頁参照）。

温家宝 wēn jiā bǎo (1942－)

おんかほう、地質調査の技師、政治家。天津市出身、文革後、甘粛省地質局副局長、国務院地質鉱産部副部長、中央書記局書記、03年国務院総理、13年引退。

文 成公主 wén chéng gōng zhǔ
（？－680）

　ぶんせいこうしゅ、吐蕃王に嫁した唐の王女。チベット族に政治的統一をもたらした。公主は初めグンソンと結婚したが、まもなくグンソンが死亡したので、３年の喪を経て義父ソンツェンと再婚した。公主はチベットへの中国文物移入と両国の和親に貢献した。

文 天祥 wén tiān xiáng （1236－1282）

　ぶんてんしょう、南宋末の政治家。元軍侵入に際して講和の使者となるが、失敗して捕らえられ、その間に宋は滅亡。のち脱走して抗戦したが、再び捕らえられて刑死。獄中の作に「正気（せいき）の歌」がある。これは、節を曲げず忠義を貫く心をうたったもので、日本にも藤田東湖と吉田松陰が作った「正気歌」がある。

翁 玉惠 wēng yù huì （1950－ ）

　ジュデイ　オング、台北市生まれ、歌手、俳優、上智大学卒業。1979 年「魅せられて」で日本レコード大賞。近年は版画

家としても活躍。

吴 承恩 wú chéng en （1500頃－1582頃）

　呉承恩、明末の小説家。科挙の受験に何度も失敗、官途に絶望して著述に専心。「西遊記」の作者とされる。
　呉の簡体字は「吴」なので、姓の説明法では「口天吴」すなわち「口に天の吴」と言う。

吴 道子 wú dào zi （約685－758）

　呉道玄（ごどうげん）とも、河南省の人。道子は字、玄宗皇帝の宮廷画家。人物、鬼神、山水、花鳥などにすぐれ、宮廷や仏寺の壁画を多く描いた。唐朝隋一と言われたが、真筆は現存しない。「画聖」と呼ばれる。

吴 广 wú guǎng （?－前208）

　呉広（ごこう）、秦末の農民反乱（陳勝呉広の乱）の指導者。字は叔、陽城（今の河南省登封市）の人。前200年、陳勝とともに挙兵し、一時、陳を建国した。のち秦軍に大敗、6ヵ月で壊滅した。2人の挙兵を機に劉邦らにより秦は滅亡した。

呉 敬梓 wú jìng zǐ （1701-1754）

　ごけいし、清初の文学者。貧困の中で50歳頃に著した「儒林外史（じゅりんがいし）」は風刺小説の源流とされ、「紅楼夢」とともに清朝小説の双璧と称される。

呉 三桂 wú sān guì （1612-1678）

　ごさんけい、明末、清初の武将。明末に遼東総兵として山海関を守ったが、李自成が北京を陥れると敵であった清軍のドルゴンに降り、清の中国統一を助け、平西王に封ぜられて雲南に領守駐屯した。1673年清に背いて三藩の乱を起こしたが、康熙帝によって平定された。

伍 子胥 wǔ zǐ xū （?-前485）

　ごししょ、春秋時代の楚の武人。父と兄が楚の平王に殺されたので、呉を助け、楚と戦い、あだを討った。その際、すでに死亡していた平王の墓をあばいて死体を300回も鞭打って復讐したとされる（屍に鞭をうつの故事）。のち、呉王夫差が越王勾践を破ったとき、その降伏を許そうとした夫差は伍子胥がうとましくなり、彼を自殺に追い込んだ。

武大郎 wǔ dà láng

　ぶだいろう「水滸伝」「金瓶梅」の登場人物で武松の兄、潘金蓮の夫。うだつがあがらず、妻を西門慶に寝取られ毒殺される。意気地のない男の代名詞。だから、武大郎の付く歇后語にろくなものはないが、中国人なら誰でも知っている名前。

武松 wǔ sōng

　ぶしょう、小説「水滸伝」中の人物。勇敢で景陽崗において、素手でトラを退治し、兄の仇の悪徳ボス西門慶を殺すなど、美男子で拳法の達人として人気がある。武二郎とも言う。兄、武大郎と対称的人物。

武王 wǔ wáng　生没年未詳 前 11 世紀の人

　ぶおう、周王朝の創始者。姓は姫（き）名は発。文王の子。父の没後、紂王（ちゅうおう）を討って殷を滅ぼして天下を統一。後世、開国の英王とされた。

武則天 wǔ zé tiān (624−705)

ぶそくてん、唐の第3代皇帝、高宗のときに召されて、永徽6年(655)皇后となる。高宗の死後、67歳で中国史上初めて女性として帝位につき、国号を周に改めた。則天文字を作り、人材登用を図り、書をよくしたこともあり、悪女という評はあたらないかもしない。死後則天武后と諡(127頁参照)。

西门庆 xī mén qìng

西門慶(せいもんけい)、明の長編小説「金瓶梅」の好色な主人公。山東の豪商が、賄賂でのし上がるものの、淫薬の飲み過ぎで落命する。「西門」が姓(複姓)。

西施 xī shī

せいし、春秋時代の越王勾践(こうせん)が呉王夫差(ふさ)に献じた美女。夫差が彼女の美しさにおぼれている間に、呉は越に滅ぼされた。四大美女の一人。
　「情人(恋人の意)眼里出西施」すなわち、「恋人の目には西施が現れる」となり、「惚れた目にはあばたもえくぼ」に相当する諺にもなっている。

西太后 xī tài hòu (1835—1908)

せいたいごう、清の咸豊（かんぽう）帝の妃で、同治帝の生母。光緒帝の摂政となって政治を独占。変法自強運動を弾圧して光緒帝を幽閉、義和団事件を利用して列強に宣戦するなど守旧派の中心となった。北京の頤和園の造営の費用は、軍事費を流用して、日清戦争の惨敗の一因にもなったと言われ、後世の評価が芳しくないが異論もある。

习 近平 xí jìn píng （1953— ）

習近平（しゅうきんぺい）、政治家。文化大革命中は一時下方。清華大学卒業、胡錦濤の後継者として党中央委員会総書記を経て13年国家主席。妻は人民解放軍所属の歌手、彭麗媛（ほうれいえん）。真珠が好きということで、近年、日本の良質の真珠が中国で人気。「中国の夢」を唱え「反腐敗」運動を繰り広げた。
　（注）この「習」姓は、中国では珍しい姓。

细 君 xì jūn 生没年未詳

さいくん、前漢武帝の時代（前 110 頃）講和のため烏孫王昆莫に嫁した美女。遊牧民のテント生活に望郷の念やみがたく「願わくばおおとりとなって故郷に帰らん」の詩を作ったと伝えられる。通常の「細君」は敬称ではないので使用注意。

項羽 xiàng yǔ (前232－前202)

　こうう、名は籍（せき）、羽はあざな。下相（今の江蘇省宿遷県）の人。戦国時代に楚の将軍の家に生まれ、秦末、陳勝、呉広の乱が起きると、叔父項梁に従って挙兵し、劉邦とともに秦を滅ぼして、自立して西楚の覇王と号した。後、5年間にわたって劉邦と天下を争ったが、ついに垓下（安徽省霊璧県の南東）で包囲され、脱し烏江（安徽省和県の北東）に至り、みずから首を刎ねて死んだ。司馬遷は「史記」において項羽の伝記を本紀（帝王の記録）の中に置き高く評価している。

蕭何 xiāo hé (?－前193)

　しょうか、漢の開国の功臣の一人。劉邦が兵を起こすと、その謀臣として活躍。また韓信の才能を見抜き、国士無双の武将として、劉邦に推薦した。秦の法制として九章律を作って漢王朝の基礎を固めた。韓信、張良とともに漢の三傑と称された。

孝文帝 xiào wén dì (467－499)

　こうぶんてい、北魏の第六代皇帝。在位 471－499。三長制

と均田制を実行。平城（山西省）から洛陽へ遷都すると同時に、風習、言語を中国風に改め、南朝にならって官制を整備した。鮮卑族の漢族化を促進した。南北朝時の帝王のなかでは傑出した皇帝と言われる。

謝 灵云 xiè lǐng yún (385—433)

謝霊雲（しゃれいうん）、詩人、南朝の宋の人。晋の将軍謝玄の孫にあたり、幼少より学を好み、詩文書画にすぐれ文章は江南第一と言われた。特に山水を詠み込むのを得意とし、陶淵明と並び称される。「登池上楼」の中の「池塘春草を生ず」の句で有名。ただし、古代詩トランプ、小学生百科ともなし。

辛 弃疾 xīn qì jí (1140—1207)

しんきしつ、南宋の詩人。金の支配下で武装蜂起に参加。一貫して対金強硬策を主張した。詩人としては農村風景の描写などに非凡の才能を発揮した。小学生百科に三首掲載。

徐 悲鸿 xú bēi hóng (1894—1953)

じょひこう、画家。国画に西洋の技法を取り入れることで、

中国絵画界に新風を送り込み、国内外に名を馳せた。特に走るウマを描いた「奔马 ben mǎ」は有名である。日本とドイツに留学した経験を持つ。

徐 福 xú fú

じょふく、秦の始皇帝のころの方士（中国古代において、神仙の術を身に付けた者）。始皇帝の命令で東海に不老不死の薬を求めに出て帰らなかった。日本の紀州をはじめいくつかの場所に徐福が着いたとの伝承が残っている。「徐市」とも書く。また、中国でも徐福がどこから出港したかについて、諸説があって決まっていないようだが、中には出発地として記念館を設けているところもある。

徐 光啓 xú guāng qǐ (1562—1633)

じょこうけい、明代末期の学者、政治家、翻訳家。キリスト教の宣教師と共同で「幾何原本」を翻訳した。熱心な天主教徒で、宣教師の布教にも助力した。また西洋の近代科学の知識をもとに「農政全書」を著述編集した。

徐 特立 xú tè lì (1877—1968)

じょとくりつ、革命家、教育家。毛沢東の長沙師範学校時代の先生でもある。中央工農民政府教育部長。陝甘寧辺区教育庁長官を務めるなど、解放区教育の最高指導者として活躍。フランス、ソ連に留学経験を持つ。1954 年以後人民代表。

徐 霞客 xú xiá kè (1587—1641)

じょかかく、明代末期の旅行家、地質学者。中国西南地区を旅行してまわり、日記の方式で記録したのが著書「徐霞客游記」とされるが、後人が編集したものといわれる。

許 浑 xǔ hún (791—854?)

許渾(きょこん)、政治家、詩人。登楼懐古の作が多く、特に七言律詩にすぐれた。「山雨来たらんと欲して 風楼に満つ」の句で知られる。

玄奘 xuán zàng (602—664)

げんじょう、唐代はじめ、長安からインドに赴き、経典を求めて帰国した僧。玄奘三蔵。法相宗の開祖。西域の事情を紹介した「大唐西域記」があり、のちに「西遊記」のもとに

なったといわれる。

玄宗 xuán zōng (685−762)

　げんそう、唐の第六代の皇帝。在位 712−756。武勇にすぐれ、文学、音楽にも通じ、開元年間 713−741 には政治に励んで天下がよく治まり、「開元の治」と称された。年号を天宝と改めてからのち、楊貴妃を愛して政治を怠ったため、755 年安禄山の乱が起こって（安史の乱）、蜀（今の四川省）にのがれ、途中、楊貴妃と楊国忠を殺さねばならなくなった。乱が平定されて都の長安に帰り、この地で没した。

荀子 xún zǐ (前313−前238)

　じゅんし、戦国末期の趙の儒家。性悪説を唱え、孟子の性善説に対抗した。「人間の性は生まれながら悪であり、善であるのは偽である。聖人が後天的人為的礼儀をつくって、人の性を矯正したのである」とした。著書に「荀子」32 編がある。「荀子」勧学からの「青は藍より出でて藍より青し」の句で有名。中国百科検定出題。

炎帝 yán dì

えんてい、火の徳によって王となったところから、中国古来の伝説上の帝王。神農。中華民族の祖先とされる炎帝と黄帝の二人の帝王の内の一人。「炎黄子孫」とは漢民族を言う。

顔 回 yán huí （前521－前490）

がんかい、春秋時代の儒者、孔子の第一の高弟。貧窮の中にあってよく学問を好み、徳行に厚かった。唐代に亜聖とされた。なお、孔子に次ぐ人（亜聖）としては、この顔回と孟子を言う。

顔 真卿 yán zhēn qīng （708－784）

がんしんけい、中唐の官吏、軍人、書家。26歳で進士に及第。かつて魯郡の開国公だったので「顔魯公」とも呼ばれる。反乱を起こした李希烈の説得に派遣され、反乱軍に殺された。書は剛直な性格があふれる新風を招き「顔体」と称され、日本にも影響を与えた。

晏 嬰 yàn yīng （?－前500）

あんえい、晏子（あんし）、春秋時代の政治家、斉の名宰相。

楚王が斉国の使者として来た晏嬰を辱めようと策を弄するが、機転を利かせて、うまく切り抜ける故事「晏子使楚（晏子楚に使いする）」が、子供にもよく知られている。「南橘北枳」もそのときの話。また、「晏子春秋」は晏嬰の言行録を後人が編集したもので、斉王との問答の形で、墨家思想、儒家思想をおりまぜ、国家経営の構想を述べている。

杨 沬 yáng mò (1914—1995)

ようまつ、女流作家、36年共産党に入党。37年の抗日戦争開始後は宣伝工作や新聞の編集に従事する。プチブルの知識女性が革命戦士へと成長するさまを描いた長編小説「青春の歌」を58年に発表。映画化もされた。

杨 贵 妃 yáng guì fēi (719—756)

楊貴妃（ようきひ）、唐玄宗の妃。はじめ玄宗の子である寿王の妃。歌舞音曲に通じ、また聡明であったため、玄宗に召されて貴妃となり、寵を一身に集め、楊一族も登用され権勢を誇った。安禄山の乱で長安を逃れる途中、官兵に殺された。白居易の「長恨歌」をはじめ、多くの文学作品の題材となった。　四大美女の一人。楊さんという女性に会ったときに、「楊貴妃の楊さんですね」とやったことがある。

120

杨 坚 yáng jiān (541—604)

楊堅（ようけん）、隋の初代皇帝。おくりな「文帝」。581 年の周朝の代わりに国号を隋と改め、長安を都にした。589 年陳を平定して全国統一。文献皇后の嫉妬のため、自由がきかなかったのも有名。後期には国富も充実した。

杨 万 里 yáng wàn lǐ (1127—1206)

揚万里（ようばんり）、南宋の詩人。54 年進士に及第。俗語を多くまじえた日常生活に密着した題材が多く、4000 余首が現存する。小学生百科に 3 首掲載。

耶律 阿保机 yē lǜ ā bǎo jī (872—926)

やりつあぼき、遼の初代皇帝、契丹 8 部を統一して 916 年皇帝を称した。しばしば長城を越えて華北に侵入。西方の諸部族を征服すると共に、926 年渤海国を滅ぼして、中国東北部からモンゴル高原を支配する一大帝国とした。契丹文字創設。

耶律 楚材 yē lǜ chǔ cai (1190—1244)

やりつそざい、モンゴル帝国初期の功臣。契丹族に属し、金に仕えたが、チンギスハンに降って政治顧問となり、オゴタイハンに信任されて宰相となり、行政制度、税制などの基礎を確立。また、詩文にもすぐれていた。

叶 剑英 yè jiàn yīng (1897—1986)

葉剣英(ようけんえい)、軍人、政治家、27 年共産党入党。日中戦争では八路軍参謀長、人民解放軍総参謀長を歴任。建国後、国防部長、党副主席などの要職を歴任。文革終末に活躍。なお、日本では叶は、かなうと読むが、葉の簡体字としての「叶」の意味はない。

叶 圣陶 yè shèng táo (1894—1988)

葉聖陶(ようせいとう)、作家、教育家。童話集「稲草人(かかし)」。アンデルセン童話の中国語訳も手がけている。

猗 顿 yī dùn 生没年未詳

いとん、春秋時代末期頃の富豪。貧士の出身ながら牧羊業者から製塩業までに手を伸ばし、巨万の富を得たという。後

世、陶朱(30頁参照)とこの二人を「陶朱猗頓」(とうしゅいとん)と連称して、大富豪の代名詞とした。

雍 正帝 yōng zhèng dì (1678−1735)

　ようせいてい、清第5代皇帝。愛新覚羅胤禛(きょうしん)改革をつぎつぎと実施、青海、チベットを平定。

永 乐帝 yǒng lè dì (1360−1424)

　永楽帝(えいらくてい)、明の第3代皇帝。在位1402−1424。名は朱棣(しゅてい)。靖難(せいなん)の変を起こして即位。中国では「明成祖」として「能屈能伸」失意のときは自重し、得意のときは大いに飛躍できる皇帝として評価されている。鄭和(136頁参照)。また、「永楽大典」「四書大全」などの編さんを命じた。中国百科検定二級に出題。

禹 yǔ

　う、夏王朝の開、祖とされる伝説上の人物。治水事業に尽力し、その間13年の間、家の門の前を通り過ぎながら、一度も中に入らなかったとされ、現在では治水事業の英雄とされ

る。各地の治水神話が禹の神話となったとも考えられる。

　なお、中国王朝の覚え方として

　夏、殷、周、秦、前漢、新、後漢、三国、西晋、東晋、南
北朝、隋、唐、五代、北宋、南宋、元、明、清。

　か、いん、しゅう、しん、ぜんかん、しん、ごかん、さん
ごく、せいしん、とうしん、なんぼくちょう、ずい、とう、
ごだい、ほくそう、なんそう、げん、みん、しん。というの
がある。（小谷野敦「日本人のための世界史入門より」）

虞美人 yú měi rén　（?－前202）

　ぐびじん、秦朝末期、項羽の愛妾の虞姫 jī（ぐき）の美称。
「四面楚歌」の夜半　項羽は本拠地の楚が占領されたことを
知り「力は山を抜き　気は山を覆う　時に利あらず　騅（すい、
馬の名）行かざるをいかにせん」と歌うと、虞美人がこれに唱
和して「漢兵 已に地を略す　四面楚歌の声　大王意気尽き
ぬ　賤妾何ぞ生に聊（やすん）ぜん」と言って　自決する。

　このときの虞美人の血がしたたった土の上に花が咲いた。
人々はこれは虞美人の生まれ代わりと考え、虞美人（ひなげ
し）と呼んだ。

　この人を中国の代表的美人とすると、五大美人となる。

于武陵 yú wǔ líng　（810－?）

うぶりょう、晩唐の詩人。進士に合格したが、官途になじまず、各地を放浪した末、崇山(すうざん、今の河南省内の名山)の南に隠棲した。次の「勧酒」が井伏鱒二の訳で有名。
　君に勧(すす)む金屈卮(きんくつし、把手のついた金の杯)
　満酌　辞するを須(もち)いず
　花発(ひら)けば風雨多し　(花ひらきて、とも)
　人生　別離足る
　コノサカズキヲ受ケテクレ
　　ドウゾナミナミツガシテオクレ
　　ハナニアラシノタトエモアルゾ
　　「サヨナラ」ダケガ人生ダ

庾 信 yǔ xìn　(513—581)

ゆしん、南北朝時代の文人詩人。父子そろって南朝の梁に仕え、のちに西魏、北宋に仕えた。宮廷文学を代表する詩人で、望郷の思いを込めた「哀江南賦」が有名。ただし、古代詩トランプにこの人の名はなく、小学生百科詞典にもなく、中国での評価は低いのかも。

元 稹 yuán zhěn　(779—831)

げんしん、中唐の詩人、政治家。806年科挙に及第。左遷と

昇進を経て宰相も経験したが、その期間は短かった。白居易と非常に親しく、唱和贈答した詩文が多い。世に元白と併称された。古代詩トランプにもこの人の名はなく、小学生百科詞典にも詩の紹介はなく、中国での評価は低いかもしれない。

袁 世凱 yuǎn shì kǎi (1859－1916)

えんせいがい、政治家。95 年天津で洋式の新建陸軍を編成。辛亥革命後、中華民国初代大統領に就任。在位 1913－15 年。ついで、帝制を実施しようとしたが、反帝制運動のため失敗。まもなく急死した。

岳 飞 yuè fēi (1103－1142)

岳飛（がくひ）、南宋の名将。1140－1141 年に南進する金に抵抗した。後に投降派、秦檜に罪を着せられ殺される。後世、愛国救国の英雄とされ、杭州「岳飛廟」に祭られている。

岳 母 yuè mǔ

がくぼ、南宋の武将岳飛の母。この母が岳飛の背に「尽忠報国」の刺青を入れた故事が、京劇の演目の一つ「岳母刺字」。

なお、妻の父を岳父、妻の母を岳母と言う以外にも、中国語には非常に複雑な親族呼称がある。例をあげると、父方のおじいさんは「爷爷 ye ye」で、母方のおじいさんは、「老爷または、姥爷 lao ye」。いとこは、父の兄弟の子は「堂兄弟」「堂姉妹」で、母の兄弟姉妹と父の姉妹の子供は「表兄弟」「表姉妹」。これ以外にも、おじさん、おばさんも当然父方母方で違う名称になる。これらを全部正しく言えないのは「野蛮人」だそうだ。となると日本人は……。

则天 武后 zé tiān wǔ hòu (624—705)

　そくてんぶこう、唐の高宗の皇后。中国史上唯一の女帝。在位 690—705。高宗の没後、子の中宋、弟の睿宗（えいそう）を廃位。唐の皇族、功臣らを滅ぼし、同族を重用、自ら帝位に就き、国号を周とした。クーデターで中宋が復位し、唐の国号に復した。武則天とも(111頁参照)。百科検定出題。

曽 国藩 zēng guó fān (1811—1872)

　そうこくはん、清末の政治家、学者、湖南省の湘郷の人。38年進士、1864年の太平天国の乱を湘軍とともに鎮圧。技術、言語教育の改革、また軍需産業や造船業など産業の振興を後押しした。洋務運動の指導者。

詹 天祐 zhān tiān yòu (1861－1919)

　せんてんゆう、鉄道建設の先駆者。清朝最初の米国少年留学生。1902 年、河北省に中国初の鉄道建設。北京－張家口間などの鉄道建設の傍ら、技術者を養成。中国では偉人の一人。

　この「詹」の字は姓にしか使わない。

　この「詹」という名の人に会ったとき、鉄道の話をして、感心してもらった思い出がある。

张 大千 zhāng dà qiān (1899－1983)

　張大千(ちょうだいせん)、画家、書道家。20 世紀の中国人芸術家のなかで特に国際的な名声が高い。京都に留学し、帰国後、上海、北京などで活躍。山水、花、人物画に長じ、ハスの花の絵で特に知られる。56 年にはピカソとも面会している。78 年、台北に移住、代表作「長江万里図」。

　(注)「張」という姓を説明する際には、教科書的には、「弓長張」すなわち、弓へんに長いの張と言う。しかし「張良の張さんですね」という言い方を是非。張良の中国人の評判は非常に高い(130 頁参照)。

张 飞 zhāng fēi (166－221)

張飛（ちょうひ）、三国時代の蜀漢の武将。劉備、関羽と桃園で義を結ぶ。勇猛でなぎなたの使い手。長坂坡の戦いでは、三喝しただけで敵の将軍を倒す。車騎将軍、司隷校尉となるが、粗暴が災いして最後は部下に殺された。

張 果 老 zhāng guǒ lǎo

張果老（ちょうかろう）、八仙の一人。山西省の中條山に隠遁し、日に数万里を歩く白いロバに乗る。ロバは呪術で紙くらいの厚さにたたみ、必要なときにひょうたんの水をかけて元にもどす。このことから「ひょうたんから駒」の諺が出来たものと思われる。その証拠に、そのような図柄の絵馬が日本の各所にかけられている。また、風貌が白髪の老人で、日本人の考える仙人の姿に最も近いと言える。

張 衡 zhāng héng （78－139）

張衡（ちょうこう）、後漢の科学者、文学者。132 年に発明した地動儀は世界で最も早い地震計である。他にも渾天儀（天体観測用機器）を発明した。

張 継 zhāng jì 生没年未詳

張継（ちょうけい）、盛唐の詩人。50 首ほどが現存、とくに「楓橋夜泊（ふうきょうやはく）」の詩で知られる。

月落ち烏啼（な）いて霜天に満つ

江楓漁火（こうふうぎょか）秋眠に対す

姑蘇（こそ）城外寒山寺

夜半の鐘声（しょうせい）客船に至る

寒山寺は江蘇省蘇州市の郊外にある寺で、この詩で有名となって観光スポットとなっている。

张 九令 zhāng jiǔ líng (673—740)

張九令（ちょうきょうれい）、唐の詩人、政治家。702 年進士に及第。玄宗に重用されて中書令（省の長官）となったが、唐の宋室（天子の一族）出身の李林甫に憎まれて失脚。

「鏡にてらして白髪を見る」

宿昔（しゅくせき）　青雲の志

蹉跎（さだ、つまづいて時機を失する）たり　白髪の年誰がしらん　明鏡の裏

形影（けいえい）自ら相憐（あいあわれ）まんとは。

张 良 zhāng liáng (？—前168)

張良（ちょうりょう）、前漢創業の功臣。韓の貴族の出身で、

秦の始皇帝の暗殺に失敗後、劉邦の将となって秦を滅ぼし、さらに鴻門の会では劉邦を危急から救った、漢の統一後は、留侯に封じられた。黄石公（秦末の隠者）が川に落とした沓（くつ）を拾って、人柄を認められて、太公望の兵法の奥義を授かった逸話は、中国人で知らない人はいない。

张 骞 zhāng qiān （?－前114）

張騫（ちょうけん）、前漢の官僚。武帝の命で大月氏（だいげつし）と同盟を結ぶため西方に派遣される。途中の見聞が漢と西域との文化・交易の発展に大きな役割を果たした。この人名、中国百科検定二級に出題されている。

张 学良 zhāng xué liáng （1901－2001）

張学良（ちょうがくりょう）、軍人。父張作霖爆死後、日本の反対に抗して国民政府のもとで全東北の実権を握ったが、満州事変によって下野。外遊後、内戦の停止、抗日救国を要求して蒋介石を監禁する西安事件を起こし、禁固刑に処され台湾で軟禁状態にあったが、94年名誉回復、ハワイで死去。

张 艺谋 zhāng yì móu （1951－　）

張藝謀(チャンイーモウ)、映画監督。北京電影学院に学ぶ。87年「古井戸」で撮影と主演を務める。「紅いコーリャン」「菊豆」「紅夢」「あの子を探して」「ＨＥＲＯ英雄」。高倉健主演の「単騎千里を走る」。2008年の北京オリンピックでは開閉幕式の総合演出を担当。中国百科検定出題。

张 说 zhāng yuè (667—730)

　張説(ちょうえつ、ちょうせつ)、初唐、盛唐期の詩人、政治家。688年進士に及第。玄宗に信任され宮廷詩人の指導的地位にあった。この場合、名前の説を「shuō」と読まない。

张 之 洞 zhāng zhī dòng (1837—1909)

　張之洞(ちょうしどう)、清末の洋務派官僚、進士。軍需中心の近代工業育成に努力。漢陽鉄廠創設、京漢鉄道敷設など。

张 仲 景 zhāng zhòng jǐng (約150—219)

　張仲景(ちょうちゅうけい)、後漢の医者。長沙の太守となった頃、チフスや風邪などの病状を観寒して「傷寒雑病論」を著して、のちにさらに「傷寒論」「金匱要略」を書いた。後

世、人は彼を「医聖」と崇めた。

张 作霖 zhāng zuò lín　(1875—1928)

　張作霖（ちょうさくりん）、奉天軍閥。馬賊から頭角を現す。一時東北に三省を支配したが、北伐軍に敗れ、奉天に引き上げる途中、関東軍により乗っていた列車で爆殺される。

章 炳麟 zhāng bǐng lín　(1869—1936)

　しょうへいりん、清末民国初の学者、思想家。反満民族主義を唱える。1904年光復会を設立、辛亥革命後は学問に専念し、哲学、文学、歴史学を研究した。
　（注）「章」は「張」と同じ発音なので、教科書的には、説明するときに「立早章」すなわち「立つに早いの章」と説明をする。

章 子怡 zhāng zǐ yí　(1979—　)

　チャンツィイー、映画女優。北京生まれ、中央戯劇学院在学中に張芸謀監督に見いだされ「初恋のきた道」でデビュー。国内外の出演作多数。

趙 高 zhào gāo （?－前207 ）

　趙高（ちょうこう）、秦の宦官。始皇帝死後、始皇の遺言と
いつわって、丞相の李斯（りし）と謀り、胡亥（こがい）を２世
皇帝に擁立。のち李斯を殺し丞相となって権力を振るい、胡
亥を殺し子嬰（しえい）を帝としたが、子嬰によって殺された。
　「鹿を指して馬をなす」の故事
　ある時、二世皇帝の胡亥に鹿を献上して「馬でございます」
と言った。帝は笑って「これは馬ではない、鹿であろう」と
言って、左右の臣下を見回すと、彼らは趙高の権勢を恐れて
沈黙し、趙高におもねる者は「馬でございます」と答えた者
もいたが、趙高は「鹿」であると答えた者を記憶して、後日
に処刑した、このことから「馬鹿」の語源とする人もいる。

趙 孟頫 zhào mèng fǔ （1254－1322）

　趙孟頫（ちょうもうふ）、元の文人。宋の皇族出身、元朝に仕
える。書は王羲之に学び、画は山水、人物を得意とした。

趙 匡胤 zhào kuāng yìn （927－976）

　(宋)太祖を見る(96 頁参照)、ちょうきょういん。

趙 樹里 zhào shù lǐ (1906−1970)

趙樹里(ちょうじゅり)、作家。抗日期に遊撃隊に参加、抗日宣伝の文筆活動を展開。文革で迫害死。1943年に代表作「小二黒結婚」を発表し、大衆の身近な題材を大衆の言葉で表現したとして高く評価された。

趙 一曼 zhào yī màn (1905−1936)

趙一曼(ちょういつまん)、女性革命家。モスクワの中山大学で学ぶ。食料が欠乏している抗戦期、幹部でありながら部下思いで、質素な生活ぶりを示したエピソードが知られている。日本軍に捕らえられ死刑となった。

趙 云 zhào yún (?−229)

趙雲(ちょううん)、三国時代の勇将。劉備が長坂で敗れた際、劉備の幼な子(阿斗)を胸に抱き、甘夫人を保護して、難を免れた話が有名。劉備は「一身すべてこれ胆」とたたえた。

趙 紫阳 zhào zǐ yáng (1919−2005)

趙紫陽（ちょうしよう）、政治家、文革で失脚。復活後、四川での改革開放政策で功績。後、総理、胡耀邦解任後、総書記。1989年天安門事件で民主化要求を支持し全職務解任。

郑 成功 zhèng chéng gong (1624—1662)

鄭成功（ていせいこう）、明の遺臣。長崎の平戸で海運商、鄭芝龍と日本人女性（田川七左衛門の娘）との間に生まれる。幼名は福松、明朝復興を志して亡命皇帝の唐王を助けたことから王家の姓を賜り国姓爺と呼ばれる。1661年オランダの拠る台湾を攻略して地方政権を打ち立てた。日本では近松門左衛門の浄瑠璃「国姓爺合戦」の和藤内で有名。

郑 和 zhèng hé (1371—1435)

鄭和（ていわ）、明の宦官、武将、南海遠征の総指揮官。先祖は元朝のとき西城から雲南に移住したイスラム教徒。本姓は馬。永楽帝に仕え、勅使で1405—1433年の間に7回の大遠征を行い、遠くはアフリカ東海岸、紅海のアデン湾にかけて30余国に遠征した。中国百科検定出題。

周 恩来 zhōu ēn lái (1898—1976)

しゅうおんらい、革命家、政治家。総理、江蘇省淮安出身。フランス留学を機に中国共産党に入党。帰国後は党の要職を歴任し、八・一蜂起、長征に参加、西安事件で活躍し、国共合作を実現させた。共和国成立後は、首相兼外相として中国の内政、外交を担った。死後は遺言に従い、海に散骨された。

周公 z̄hou ḡong 生没年未詳

しゅうこう、西周の名摂政、名は旦、または叔旦とも言う。武王の弟、武王の周の建国を助力し、武王の死後は摂政として、幼い文王の補佐をつとめた。礼や楽をはじめ、古代の典章制度を定めたとされる。孔子は周公を儒教における理想的人物としている。

明末の口語笑話集「笑府」巻九にこんな笑話がある（この本は江戸の落語にも数多く引用されている）。

題して「周公にお礼をする」嫁に行く娘、兄嫁に向って泣きながら「結婚の制度なんて誰が作り出したのです」ときく。兄嫁が「周公です」と教えると、嫁は周公をさんざんにののしった。一と月目に里帰りしたとき「ねえさん、周公はどこにおいでです」ときくので「なんであの方をたずねるの」と言うと、娘は「靴をこさえてお礼したいから」。

紂 zhòu 前11世紀

ちゅう、古代中国殷王朝最後の王。名は辛（しん）。姐己（だっき）を溺愛し、酒色にふけって政治を乱し、忠臣の比干を殺すなど、暴虐の限りを尽くして周の武王に滅ぼされた。古来、夏の桀（けつ）王とともに暴君の代表とされる。妊婦の腹を順に割かせて脱児の成長状態を見たことや「酒池肉林」の故事もこの王。

なお、日本では、姐己は妖狐で、殷王朝が滅びると、唐土を離れて日本へ渡り、玉藻（たまも）御前に化身して、鳥羽院に仕え寵を受けたという伝説がある。

朱 徳 zhū dé （1886−1976）

しゅとく、革命家、元帥。学生のころに辛亥革命反袁世凱闘争に参加、留学中にベルリンで出会った周恩来の紹介で 22 年入党。4年間、ドイツ、ソ連で社会主義、共産主義、ドイツ軍事を学ぶ。このときソ連のゲリラ戦術から中国における「遊撃戦」を着想。1927 年八・一南昌蜂起以来、毛沢東とともに軍隊創建の指導者となる。建国後は主に軍事関係の要職を歴任した。大躍進政策に対しては批判的であったため、54 年に軍、党の要職を解かれる。また、文革期は紅衛兵に激しく批判されたが、毛沢東に保護された。著書「朱徳選集」。

朱 全忠 zhū quán zhōng （857−912）

しゅぜんちゅう、五大後梁の初代皇帝。在位 907－912。黄巣の賊徒から身を起こし、唐の節度使となる。904 年哀帝（唐朝最後の皇帝）を擁立、907 年譲位させて梁を建国したが、子の友珪（ゆうけい）に殺された。

朱 鎔基 zhū róng jī （1928－　）

しゅようき、政治家。清華大学卒業後、技術系の幹部となるが、反右派闘争、文革で批判される。復活後、上海市長、副総理を歴任、1998 年、国務院総理。一時は、「包拯（11 頁参照）」の再来と期待された。

朱 熹 zhū xī （1130－1200）

しゅき、「朱子（しゅし）」とも。南宋の大思想家。周敦頤（しゅうとんい）、程顥（ていこう）、程頤（ていい）兄弟の学説を継承。朱子学を大成。後世に大きな影響を与えた。

朱子語類の中の名文句

精神一到、何事か成らざらん

偶成（読み下し文）

少年老い易く　学成り難し

一寸の光陰　軽んずべからず

未だ覚めず　池塘春草の夢

階前の梧葉　己に秋声

朱 元璋 zhū yuán zhāng (1328—1398)

洪武帝(45 頁参照)を見る。

朱 自清 zhū zì qīng (1898—1948)

　しゅじせい、詩人、作家、清華大学教授、詩人。江稣省の人。長詩「毀滅(きめつ)」で広く知られる。のち、散文や古典文学の研究に転じた。ＮＨＫラジオ中国語講座に、次のような詩の一部の引用があった。
　微风吹过，送来缕缕清香。
　仿佛远外高楼上　渺茫的歌声似的。
　そよ風が吹いてきて、切れ目なく清らかな香りを届けてくる。
　その香りはまるで、遠くの高い建物から聞こえる、かすかな歌声のようだ。

猪 八戒 zhū bā jiè

ちょはっかい、西遊記の登場人物。醜くて意地きたない好

140

色漢の代名詞とされる。それゆえ喝后語（洒落言葉）にもよく
登場する。例えば、

「猪八戒吃人参果」猪八戒が朝鮮人参を食べる。（こころは）
味もわからない、ありがたみもわからない。猫に小判。

诸葛 亮 zhū gě liàng （181-234）

　しょかつりょう、字（あざな）は孔明、三国蜀の政治家。劉
備に「三顧の礼」をもって迎えられる。劉備の死後、後主劉
禅を補佐、五丈原に病没。日中ともに非常に人気がある。諸
葛は複姓。ある戦で圧倒的に不利なので、城門を開け放しに
して敵を迎え撃つと見せかけたのを、相手は孔明に何か策が
あると思い、退いた故事から「空城計 kong cheng ji」という
言葉まで現在に残していて、この慣用句はよく使われる。

荘 子 zhuāng zǐ （?-前310?）

　そうし、戦国期の思想家、道家。曽子と混同を避けるため
「そうじ」と読むことが多い。彼の著書は、人名と区別して
「荘子（そうじ）」と一般には読む。その中の有名な話に「轍
鮒（てっぷ）の急」というものがある。話は、荘子が生計に困
って、村の有力者に金を借りに行った。すると、有力者は税
金を取り立ててから貸してやろうと答えたので、そこで、次

のようなたとえ話をした。

「自分がここに来る途中、車の轍（わだち）の水たまりで鮒
（ふな）が「水をくれ」と言う。そこで「これから南方の呉越
に行くので、その途中の川の水を引いてきてやろう」と言う
と、鮒は「私は今水があればいいので、そんな悠長ことでは、
私を乾物屋で探した方が早いよと怒った」という故事。

「轍鮒の急」さしせまった危機、困窮のたとえ。

卓 文君 zhuó wénjūn 生没年未詳

たくぶんくん、前漢の開明的な寡婦。夫を喪った後、文人
の司馬相如と恋に落ち、成都に駆け落ちする。その後、故郷
の臨邛に戻って酒屋を開き、自ら女給までして商いに励み、
後に富商となる。逸話が多く小説や戯曲の題材となっている。

子贡 zǐ gòng （前520頃−前456頃）

しこう、春秋時代の人、孔門十哲の一人。弁舌に巧みで、
商才にもたけていた。諸国を巡遊して政策を授け、外交政治
家でもあった。

祖 冲之 zǔ chōng zhī （429−500）

142

そちゅうし、南北朝時代の宋の数学者、天文学者。大明暦を作成し、ヨーロッパより約 1000 年早く円周率の値を 3.1415926 から 3.1415927 の間と推算。

左 宗棠 zuǒ zōng táng (1812—1885)

さそうとう、清末の政治家。曽国潘（127 頁参照）の下で太平天国の乱を平定し、のち福州に近代的造船所を設けて洋務運動を推進した。また、新疆の反乱鎮圧と開発などに活躍。

終わりに

　こんな話があります。

　Ａさんが仕事の関係で、「朱さん」という人に会うことになりました。

　そこで一応、明の太祖の「朱元璋」、朱子学の「朱熹」、元首相の「朱鎔基」をチェックしておきました。

　さて当日、名刺交換が済んでから、Ａさん早速これらの人名を口にしたそうです。

　この朱さんは、朱元璋には何の興味も示しませんでしたが、なんと「朱熹」の子孫であると名乗ったそうです。

　仕事の首尾が上々であったことは、言うまでもないでしょう。

　ということで、皆さん、次の人名の人に出会ったなら、どんな名前が浮かぶでしょう。

「王、曹、趙、張、李、劉、林」

日本語による索引

あ行

あいしんかくらふぎ	爱新觉罗溥仪・・・・・・・	7,84
あきゅう	阿 Q・・・・・・・・・・・	7
アグネスチャン	陈 美龄・・・・・・・・・	19
アシマ	阿 诗玛・・・・・・・・・	7
あと	阿 斗・・・・・・・・・・	6
あんえい	晏 婴・・・・・・・・・・	119
あんろくざん	安 禄山・・・・・・・・・	8
いおうぶつ	韦 应物・・・・・・・・・	106
いとん	猗 顿・・・・・・・・・	122
う	禹・・・・・・・・・・・・・	123
うぶりょう	于 武陵・・・・・・・・・	124
えいせい	卫 青・・・・・・・・・・	107
えいらくてい	永 乐帝・・・・・・・・・	123
エペンディ	阿 凡提・・・・・・・・・	6
えんせいがい	袁 世凯・・・・・・・・・	126
えんてい	炎 帝・・・・・・・・・・	118
おうあんせき	王 安石・・・・・・・・・	99
おうい	王 维・・・・・・・・・・	103

おうかん	王 翰・・・・・・・・・・・	101
おうぎし	王 羲之・・・・・・・・・・	104
おうきほう	王 熙鳳・・・・・・・・・・	104
おうしかん	王 之渙・・・・・・・・・・	105
おうじつぽ	王 実甫・・・・・・・・・・	103
おうじゅう	王 充・・・・・・・・・・・	100
おうしょうくん	王 昭君・・・・・・・・・・	105
おうしょうれい	王 昌齢・・・・・・・・・・	100
おうせいぼ	王 西母（王 母娘娘）・・	102
おうちょうめい	汪 兆銘・・・・・・・・・・	98
おうふうし	王 夫之・・・・・・・・・・	101
おうぼつ	王 勃・・・・・・・・・・・	99
おうもう	王 莽・・・・・・・・・・・	102
おうようしゅう	欧阳 修・・・・・・・・・・	81
おうようめい	王 阳明・・・・・・・・・・	105
おんかほう	温 家宝・・・・・・・・・・	107

か行

かいずい	海 瑞・・・・・・・・・・・	40
がいせい	艾 青・・・・・・・・・・・	7
かくきょへい	霍 去病・・・・・・・・・・	50
かくしゅけい	郭 守敬・・・・・・・・・・	40
がくひ	岳 飞・・・・・・・・・・・	126
がくぼ	岳 母・・・・・・・・・・・	126
かくまつじゃく	郭 沫若・・・・・・・・・・	40

かこうぎょう	何 香凝・・・・・・・・・・・	44
かせんこ	何 仙姑・・・・・・・・・・・	44
かだ	华 佗・・・・・・・・・・・	47
がちしょう	贺 知章・・・・・・・・・・・	45
かっこう	葛 洪・・・・・・・・・・・	35
かとう	贾 岛・・・・・・・・・・・	51
かほうぎょく	贾 宝玉・・・・・・・・・・・	51
がりゅう	贺 龙・・・・・・・・・・・	44
かんう	关 公(关 羽)・・・・・	38
がんかい	颜 回・・・・・・・・・・・	119
かんかんけい	关 汉卿・・・・・・・・・・・	38
かんこう	桓 公・・・・・・・・・・・	48
かんざん　じっとく	寒 山、拾 得・・・・・・・・	42
かんしょうし	韩 湘子・・・・・・・・・・・	41
かんしょうり	汉 钟离・・・・・・・・・・・	43
かんしん	韩 信・・・・・・・・・・・	41
がんじん	鉴 真・・・・・・・・・・・	51
がんしんけい	颜 真卿・・・・・・・・・・・	119
かんちゅう	管 仲・・・・・・・・・・・	38
かんのこうそ	汉 高祖・・・・・・・・・・・	43
かんのぶてい	汉 武帝・・・・・・・・・・・	43
かんぴし	韩 非子・・・・・・・・・・・	41
かんゆ	韩 愈・・・・・・・・・・・	42
きそう	徽 宗・・・・・・・・・・・	50

ぎちょう	魏 徴・・・・・・・・・・・・	107
きょうじちん	龔 自珍・・・・・・・・・・	36
きょこん	許 浑・・・・・・・・・・・	117
きんよう	金 庸・・・・・・・・・・・	52
くつげん	屈 原・・・・・・・・・・・	87
ぐびじん	虞 美人・・・・・・・・・・	124
クマラジュウ	鳩 摩罗什・・・・・・・・	53
けいか	荆 轲・・・・・・・・・・・	53
げんじょう	玄 奘・・・・・・・・・・・	117
げんしん	元 積・・・・・・・・・・・	125
げんせき	阮 籍・・・・・・・・・・・	87
げんそう	玄 宗・・・・・・・・・・・	118
けんりゅうてい	乾 隆帝・・・・・・・・・・	85
こうう	項 羽・・・・・・・・・・・	114
こうがい	黄 盖・・・・・・・・・・・	49
こうき	康 熙・・・・・・・・・・・	54
こうけい	高 啓・・・・・・・・・・・	34
こうけんし	寇 谦之・・・・・・・・・・	55
こうこう	黄 兴・・・・・・・・・・・	49
こうし	孔 子・・・・・・・・・・・	54
こうしゅうぜん	洪 秀全・・・・・・・・・・	46
こうしょうき	孔 祥熙・・・・・・・・・・	54

こうしょてい	光 緒帝	39
こうてき、こうせき	高 适	34
こうせん	勾 践	37
こうせんし	高 仙芝	35
こうそう	黄 巢	48
こうそうぎ	黄 宗羲	50
こうそんりゅう	公 孙龙	36
こうてい	黄 帝	48
こうていけん	黄 庭坚	49
こうぶてい	光 武帝	39
こうぶてい	洪 武帝	45
こうぶんてい	孝 文帝	114
こうほうりん	侯 宝林	46
こうゆうい	康 有为	54
こうりきし	高 力士	34
こえんぶ	顾 炎武	37
こがいし	顾 恺之	37
こきんとう	胡 锦涛	47
ごけいし	吴 敬梓	110
ごこう	吴 广	109
ごさんけい	吴 三桂	110
ごししょ	伍 子胥	110
ごしょうおん	吴 承恩	109
ごとうし、ごとうげん	吴 道子	109
こようほう	胡 耀邦	47

| コンリイ | 鞏俐・・・・・・・・・・ | 36 |

さ行

さいえいぶん	蔡 英文・・・・・・・・・	13
さいくん	细君・・・・・・・・・・	113
さいけん	崔健・・・・・・・・・	23
さいげんぱい	蔡 元培・・・・・・・・・	13
さいこう	崔 颢・・・・・・・・・	22
さいりん	蔡伦・・・・・・・・・	13
さそうとう	左 宗棠・・・・・・・・・・	143

しこう	子 贡・・・・・・・・・	142
しこうてい	始 皇帝・・・・・・・・・・	86
したいあん	施 耐庵・・・・・・・・・	88
しばこう	司马 光・・・・・・・・・	89
しばしょうじょ	司马 相如・・・・・・・・	90
しばせん	司马 迁・・・・・・・・・	89
シャカムニ	释伽牟尼・・・・・・・・・・	88
ジャッキーチェン	成 龙・・・・・・・・	22
しゃれいうん	谢 灵云・・・・・・・・・	115
しゅうおんらい	周 恩来・・・・・・・・・・	136
しゅうきん	秋 瑾・・・・・・・・・	86
しゅうきんぺい	习 近平・・・・・・・・・	113
しゅうこう	周 公・・・・・・・・・	137
しゅげんしょう	朱 元璋・・・・・・・・・・	140

しゅし、しゅき	朱 熹・・・・・・・・・・・	139
しゅじせい	朱 自清・・・・・・・・・・	140
しゅぜんちゅう	朱 全忠・・・・・・・・・・	138
ジュデイオング	翁 玉恵・・・・・・・・・・	108
しゅとく	朱 徳・・・・・・・・・・・	138
しゅようき	朱 鎔基・・・・・・・・・・	139
じゅんし	荀 子・・・・・・・・・・・	118
じゅんちてい	順 治帝・・・・・・・・・・	89
しょうおう	商 鞅・・・・・・・・・・・	87
しょうか	蕭 何・・・・・・・・・・・	114
しょうかいせき	蒋 介石・・・・・・・・・・	52
しょうへいりん	章 炳麟・・・・・・・・・・	133
じょうえいしん	聶 栄臻・・・・・・・・・・	80
じょうえいへい	聶 卫平・・・・・・・・・・	81
じょうが	嫦 娥・・・・・・・・・・・	18
じょうじ	聶 耳・・・・・・・・・・・	80
じょか	女 媧・・・・・・・・・・・	81
じょかかく	徐 霞客・・・・・・・・・・	117
しょかつりょう	諸葛 亮・・・・・・・・・・	141
じょこうけい	徐 光啓・・・・・・・・・・	116
じょとくりつ	徐 特立・・・・・・・・・・	116
じょひこう	徐 悲鴻・・・・・・・・・・	115
じょふく	徐 福・・・・・・・・・・・	116
しんかい	秦 桧・・・・・・・・・・・	85
しんきしつ	辛 弃疾・・・・・・・・・・	115

しんじん	岑 参・・・・・・・・・・・	17
せいし	西 施・・・・・・・・・・・	112
せいたいごう	西 太后・・・・・・・・・・	112
せいはくせき	斉 白石・・・・・・・・・・	84
せいもんけい	西門 庆・・・・・・・・・・	112
せんがくしん	钱 学森・・・・・・・・・・	85
せんてんゆう	詹 天祐・・・・・・・・・・	128
そうけいれい	宋 庆龄・・・・・・・・・・	91
そうぐう	曹 禺・・・・・・・・・・・	17
そうけつ(そうきつ)	仓 颉・・・・・・・・・・・	14
そうこう	宋 江・・・・・・・・・・・	90
そうこくきゅう	曹 国舅・・・・・・・・・・	15
そうこくはん	曾 国藩・・・・・・・・・・	127
そうし	莊 子・・・・・・・・・・・	141
そうしぶん	宋 子文・・・・・・・・・・	92
そうしょう	曹 松・・・・・・・・・・・	16
そうせっきん	曹 雪芹・・・・・・・・・・	16
そうそう	曹 操・・・・・・・・・・・	14
そうち	曹 植・・・・・・・・・・・	17
そうちゅう	曹 冲・・・・・・・・・・・	15
そうのたいそ	宋 太祖・・・・・・・・・・	91, 134
そうひ	曹 丕・・・・・・・・・・・	16
そうびれい	宋 美龄・・・・・・・・・・	91

そくてんぶこう	則天 武后	127
そしょく（そとうば）	苏 轼	92
そしん	苏 秦	92
そちゅうし	祖 冲之	142
そぶ	苏 武	93
そんし	孙 子	95
そんしばく	孙 思邈	94
そんちゅうざん	孙 中山	95
ソンツェンガンポ	松赞 干布	90
そんびん	孙 膑	94
そんぶ	孙 武	95
そんぶん	孙 文	95

た行

たいこうぼう	太 公望	52
たいじょうろうくん	太上 老君	95
たいそ	太 祖	96
たくぶんくん	卓 文君	142
ダライラマ	达赖 喇嘛(14 世)	24
ダルマ	达 磨	24
だんきずい	段 祺瑞	29
たんしどう	谭 嗣同	96
チャンイーモウ	张 艺谋	131
チャンツィイー	章 子怡	133

ちゅう	纣・・・・・・・・・・・・	137
ちょういつまん	赵 一曼・・・・・・・・・・・	135
ちょううん	赵 云・・・・・・・・・・・	135
ちょうえつ、ちょうせつ	张 说・・・・・・・・・・・	132
ちょうがくりょう	张 学良・・・・・・・・・・・	131
ちょうかろう	张 果老・・・・・・・・・・・	129
ちょうきゅうれい	张 九令・・・・・・・・・・・	130
ちょうきょういん	赵 匡胤・・・・・・・・・・	96, 134
ちょうけい	张 继・・・・・・・・・・・	129
ちょうけん	张 骞・・・・・・・・・・・	131
ちょうこう	张 衡・・・・・・・・・・・	129
ちょうこう	赵 高・・・・・・・・・・・	134
ちょうさくりん	张 作霖・・・・・・・・・・・	133
ちょうしどう	张 之洞・・・・・・・・・・・	132
ちょうじゅり	赵 树里・・・・・・・・・・・	135
ちょうしよう	赵 紫阳・・・・・・・・・・・	135
ちょうせん	貂 蝉・・・・・・・・・	25
ちょうだいせん	张 大千・・・・・・・・・・・	128
ちょうちゅうけい	张 仲景・・・・・・・・・・・	132
ちょうひ	张 飞・・・・・・・・・・・	128
ちょうもうふ	赵 孟頫・・・・・・・・・・・	134
ちょうりょう	张 良・・・・・・・・・・・	130
ちょはっかい	猪 八戒・・・・・・・・・・・	140
ちんうん	陈 云・・・・・・・・・・・	21
ちんえいき	陈 永贵・・・・・・・・・・・	21

ちんがいか	陈 凯歌・・・・・・・・・・・	19
ちんき	陈 毅・・・・・・・・・・・	20
チンギスハン（ジンギスカン）	成吉思 汗・・・・・・・・	21
ちんきんじゅ	沈 钧儒・・・・・・・・・・	88
ちんしょう	陈 胜・・・・・・・・・・・	20
ちんせいび	陈 世美・・・・・・・・・・・	20
ちんどくしゅう	陈 独秀・・・・・・・・・・	18
ていせいこう	郑 成功・・・・・・・・・・	136
ていれい	丁 玲・・・・・・・・・・・	26
ていわ	郑 和・・・・・・・・・・・	136
てっせんこうじゅ	铁扇公主・・・・・・・・・	98
テレサテン	邓 丽君・・・・・・・・・・	24
でんかん	田 汉・・・・・・・・・・・	98
とうえいちょう	邓 颖超・・・・・・・・・・	25
とうえんめい	陶 渊明・・・・・・・・・・	97
とうおう	汤 王・・・・・・・・・・・	97
とうきしょう	董 其昌・・・・・・・・・・	26
とうしょうへい	邓 小平・・・・・・・・・・	25
とうじょうひでき	东条 英机・・・・・・・・・	26
とうたいそう	唐 太宗・・・・・・・・・・	97
とうちゅうじょ	董 仲舒・・・・・・・・・・	27
とこう	杜 康・・・・・・・・・・・	28
とほ	杜 甫・・・・・・・・・・・	27

| とぼく | 杜 牧・・・・・・・・・・ | 28 |

な行

| なた | 哪 吒・・・・・・・・・・ | 80 |
| ヌルハチ | 努尔哈赤・・・・・・・・・ | 81 |

は行

ばいんしょ	马 寅初・・・・・・・・・・	74
ばえん	马 远・・・・・・・・・・	75
パキン	巴 金・・・・・・・・・・	8
はくい、しゅくせい	伯 夷,叔 齐・・・・・・・・	12
ばくげん	莫 言・・・・・・・・・・	79
はくきょい、はくらくてん	白 居易・・・・・・・・・・	9
はくもうじょ	白毛女・・・・・・・・・・	8
はんがく	潘 岳・・・・・・・・・・	82
はんこ	班 固・・・・・・・・・・	10
ばんこ	盘 古・・・・・・・・・・	83
はんじんれん	潘 金莲・・・・・・・・・・	82
はんせいだい	范 成大・・・・・・・・・・	30
はんぞう	范 增・・・・・・・・・・	30
はんちゅうえん	范 仲淹・・・・・・・・・・	31
はんちょう	班 超・・・・・・・・・・	10
はんれい	范 蠡・・・・・・・・・・	30

| ひっしょう | 毕 昇・・・・・・・・・・ | 12 |

ひょうどう、ふうどう	冯 道・・・・・・・・・・・	32
ふう(ひょう)ぎょくしょう	冯 玉祥・・・・・・・・・・	32
ぶおう	武 王・・・・・・・・・・・	111
ふぎ	溥 仪・・・・・・・・・・・	7
ふけん	符 坚・・・・・・・・・・・	33
ふさ	夫 差・・・・・・・・・・・	32
ふさくぎ	傅 作义・・・・・・・・・・	33
ぶしょう	武 松・・・・・・・・・・・	111
ぶそくてん	武 则天・・・・・・・・・・	111
ぶだいろう	武 大郎・・・・・・・・・・	111
ぶっとちょう	佛 图澄・・・・・・・・・・	33
フビライ	忽 必烈・・・・・・・・・・	47
ぶんせいこうしゅ	文 成公主・・・・・・・・	108
ぶんてんしょう	文 天祥・・・・・・・・・・	108
ベチューン	白 求恩・・・・・・・・・・	9
へんじゃく	扁 鹊・・・・・・・・・・・	12
ほうい	后 羿・・・・・・・・・・・	46
ほうこうじゅ	方 孝孺・・・・・・・・・・	31
ほうしゅくが	鲍 叔牙・・・・・・・・・・	11
ぼうじゅん	茅 盾・・・・・・・・・・・	75
ほうじょう	包 拯・・・・・・・・・・・	11
ほうとくかい	彭 德怀・・・・・・・・・・	83

ほうはい	彭 湃・・・・・・・・・・・	83
ぼくけいえい	穆 桂英・・・・・・・・・	80
ぼくし	墨 子・・・・・・・・・・・	79
ほしょうれい	蒲 松齢・・・・・・・・・・	84
ほっけん	法 顕・・・・・・・・・・・	29

ま行

まこ	麻 姑・・・・・・・・・・・	74
まそ	妈 祖・・・・・・・・・・	75
みんのたいそ	明 太祖(洪 武帝)・・・	45, 79
めいらんほう	梅 兰芳・・・・・・・・・・	76
もうきょうじょ	孟 姜女・・・・・・・・・	77
もうこう	孟 郊・・・・・・・・・・・	78
もうこうねん	孟 浩然・・・・・・・・・・	77
もうし	孟 子・・・・・・・・・・・	78
もうしょうくん	孟 尝君・・・・・・・・・・	77
もうたくとう	毛 泽东・・・・・・・・・・	76
もうてん	蒙 恬・・・・・・・・・・・	76

や行

やりつあぼき	耶律 阿保机・・・・・・・	121
やりつそざい	耶律 楚材・・・・・・・・・	121

| ゆしん | 庾 信・・・・・・・・・・・ | 125 |

ようきひ	杨 贵妃・・・・・・・・・・	120
ようけん	杨 坚・・・・・・・・・・・	121
ようけんえい	叶 剑英・・・・・・・・・・	122
ようせいてい	雍 正帝・・・・・・・・・・	123
ようせいとう	叶 圣陶・・・・・・・・・・	122
ようだい	随 炀帝・・・・・・・・・・	93
ようばんり	杨 万里・・・・・・・・・・	121
ようまつ	杨 沫・・・・・・・・・・・	120

ら行

らいほう	雷 锋・・・・・・・・・・・	56
らかんちゅう	罗 贯中・・・・・・・・・・	74
らんさいわ	蓝 采和・・・・・・・・・・	55

りえん	李 渊・・・・・・・・・・・	62
りき	李 逵・・・・・・・・・・・	59
りくゆう	陆 游・・・・・・・・・・・	72
りこうしょう	李 鸿章・・・・・・・・・・	58
りこくきょう	李 克强・・・・・・・・・・	59
りし	李 斯・・・・・・・・・・・	61
りじせい	李 自成・・・・・・・・・・	62
りじちん	李 时珍・・・・・・・・・・	60

りしょういん	李 商隠	60
りせいみん	李 世民(唐 太宗)	61
りせんねん	李 先念	62
りたいしょう	李 大钊	58
りてっかい	李 铁拐	62
りとうき	李 登辉	58
りはく	李 白	56
りひょう	李 冰	58
りゅううしゃく	刘 禹锡	70
りゅうかいじ	刘 海儿	66
りゅうかけい	柳 下惠	69
りゅうき	刘 基	67
りゅうきい	刘 希夷	68
りゅうぎょうは	刘 晓波	68
りゅうさんじえ	刘 三姐	67
りゅうしゅう	刘 秀	68
りゅうしょうき	刘 少奇	67
りゅうそうげん	柳 宗元	70
りゅうてつ	刘 彻	43, 66
りゅうはくしょう	刘 伯承	67
りゅうび	刘 备	66
りゅうほう	刘 邦	43, 65
りょうけいちょう	梁 启超	63
りょうざんぱく	梁 山伯	63
りょうしょうし	廖 承志	63

りょこう	呂 后	・・・・・・・・・・	73
りょどうひん	呂 洞宾	・・・・・・・・・・	73
りょふい	呂 不韦	・・・・・・・・・・	73
りりつさん	李 立三	・・・・・・・・・・	59
りりゅうき	李 隆基	・・・・・・・・・・	60
りりょう	李 陵	・・・・・・・・・・	60
りんしょうじょ	蔺 相如	・・・・・・・・・・	65
りんそくじょ	林 则徐	・・・・・・・・・・	65
りんたいぎょく	林 黛玉	・・・・・・・・・・	64
りんぴょう	林 彪	・・・・・・・・・・	64
ろうし	老 子	・・・・・・・・・・	56
ろうしゃ	老 舍	・・・・・・・・・・	55
ろじん	鲁 迅	・・・・・・・・・・	71
ろちしん	鲁 智深	・・・・・・・・・・	72
ろはん	鲁 班	・・・・・・・・・・	71

年代順による人名索引

古代から夏（約前1500年）まで

盘古	ばんこ・・・・・・・・・・・	83
女娲	じょか・・・・・・・・・・・	81
黄帝	こうてい・・・・・・・・・	48
炎帝	えんてい・・・・・・・・・	118
仓颉	そうけつ（そうきつ）・・・	14
西王母	せいおうぼ・・・・・・・・	102
后羿	ほうい・・・・・・・・・・	46
嫦娥	じょうが・・・・・・・・・	18
禹	う・・・・・・・・・・・・	123
杜康	とこう・・・・・・・・・・	28

殷（商）（約前1500年～約前1100年）

汤王	とうおう・・・・・・・・・	97
纣	ちゅう・・・・・・・・・・	137

周（春秋、戦国）から秦（約前1100年～前221年）

武王	ぶおう・・・・・・・・・・	111
伯夷，叔齐	はくい、しゅくせい・・・・・・	12
太公望	たいこうぼう・・・・・・・	52
周公	しゅうこう・・・・・・・・	137
鲍叔牙	ほうしゅくが・・・・・・・	11
管仲	かんちゅう・・・・・・・・	38
恒公	かんこう・・・・・・・・・	48
晏婴	あんえい・・・・・・・・・	119

老 子(太上老君)	ろうし・・・・・・・・・・・・・・	56
孔 子	こうし・・・・・・・・・・・・・・	54
子 贡	しこう・・・・・・・・・・・・・・	142
颜 回	がんかい・・・・・・・・・・・・	119
孙 武	そんぶ・・・・・・・・・・・・・	95
释伽牟尼	シャカムニ・・・・・・・・・・・	88
伍 子胥	ごししょ・・・・・・・・・・・・	110
夫 差	ふさ・・・・・・・・・・・・・・・	32
句 践	こうせん・・・・・・・・・・・・	37
范 蠡	はんれい・・・・・・・・・・・・	30
西 施	せいし・・・・・・・・・・・・・	112
墨 子	ぼくし・・・・・・・・・・・・・	79
鲁 班	ろはん・・・・・・・・・・・・・	71
猗 顿	いとん・・・・・・・・・・・・・	122
扁 鹊	へんじゃく・・・・・・・・・・・	12
商 鞅	しょうおう・・・・・・・・・・・	87
孟 子	もうし・・・・・・・・・・・・・	78
莊 子	そうし・・・・・・・・・・・・・	141
苏 秦	そしん・・・・・・・・・・・・・	92
孙 膑	そんびん・・・・・・・・・・・・	94
屈 原	くつげん・・・・・・・・・・・・	87
公 孙龙	こうそんりゅう・・・・・・・・・	36
荀 子	じゅんし・・・・・・・・・・・・	118
蔺 相如	りんしょうじょ・・・・・・・・・	65
孟 尝君	もうしょうくん・・・・・・・・	77

李 冰	りひょう・・・・・・・・・・・・・	58
韩 非子	かんぴし・・・・・・・・・・・・	41
吕 不韦	りょふい・・・・・・・・・・・・	73
蒙 恬	もうてん・・・・・・・・・・・・	76
赵 高	ちょうこう・・・・・・・・・・	134
李 斯	りし・・・・・・・・・・・・・・・	61
秦 始皇	しこうてい・・・・・・・・・・	86
徐 福	じょふく・・・・・・・・・・・	116
荆 轲	けいか・・・・・・・・・・・・・	53
陈 胜	ちんしょう・・・・・・・・・・	20
吴 广	ごこう・・・・・・・・・・・・・	109

前漢から新（前202－後8）

张 良	ちょうりょう・・・・・・・・・	130
萧 何	しょうか・・・・・・・・・・・	114
韩 信	かんしん・・・・・・・・・・・	41
刘 邦（汉高祖）	りゅうほう・・・・・・・・	43, 65
吕 后	りょこう・・・・・・・・・・・	73
范 增	はんぞう・・・・・・・・・・・	30
项 羽	こうう・・・・・・・・・・・・・	114
虞 美人	ぐびじん・・・・・・・・・・・	124
董 仲舒	とうちゅうじょ・・・・・・・	27
司马 相如	しばしょうじょ・・・・・・・	90
卓 文君	たくぶんくん・・・・・・・・	142
张 骞	ちょうけん・・・・・・・・・・	131
汉 武帝	かんのぶてい・・・・・・・・・	43

李 陵	りりょう・・・・・・・・・・・・・・	60
司马 迁	しばせん・・・・・・・・・・・・・	89
卫 青	えいせい・・・・・・・・・・・・・	107
霍 去病	かくきょへい・・・・・・・・・・	50
苏 武	そぶ・・・・・・・・・・・・・・・・	93
细 君	さいくん・・・・・・・・・・・・・	113
王 昭君	おうしょうくん・・・・・・・・・	105
王 莽	おうもう・・・・・・・・・・・・・	102

後漢(25-220)

光 武帝	こうぶてい・・・・・・・・・・・・	39
王 充	おうじゅう・・・・・・・・・・・・	100
班 固	はんこ・・・・・・・・・・・・・・・	10
班 超	はんちょう・・・・・・・・・・・・	10
蔡 伦	さいりん・・・・・・・・・・・・・	13
张 衡	ちょうこう・・・・・・・・・・・・	129

三国(220-289)

华 佗	かだ・・・・・・・・・・・・・・・・	47
曹 操	そうそう・・・・・・・・・・・・・	14
张 仲景	ちょうちゅうけい・・・・・・・・	132
黄 盖	こうがい・・・・・・・・・・・・・	49
刘 备	りゅうび・・・・・・・・・・・・・	66
张 飞	ちょうひ・・・・・・・・・・・・・	128
赵 云	ちょううん・・・・・・・・・・・・	135
诸葛 亮	しょかつりょう・・・・・・・・・	141
关 羽	かんう・・・・・・・・・・・・・・	38

曹丕	そうひ・・・・・・・・・・・・・・	16
曹植	そうち・・・・・・・・・・・・・・	17
曹冲	そうちゅう・・・・・・・・・・・	15
阿斗	あと・・・・・・・・・・・・・・・	6
阮籍	げんせき・・・・・・・・・・・・	87

西晋(280—317)

佛図澄	ぶっとちょう・・・・・・・・・・	33
潘岳	はんがく・・・・・・・・・・・・	82
葛洪	かっこう・・・・・・・・・・・・	35
王羲之	おうぎし・・・・・・・・・・・・	104

東晋(317-420)

法顕	ほっけん・・・・・・・・・・・・	29
符堅	ふけん・・・・・・・・・・・・・	33
顧愷之	こがいし・・・・・・・・・・・・	37
鳩摩罗什	クマラジュウ・・・・・・・・・・	53
寇謙之	こうけんし・・・・・・・・・・・	55
陶渊明	とうえんめい・・・・・・・・・・	97
謝灵云	しゃれいうん・・・・・・・・・・	115

南北朝(439—581)

祖冲之	そちゅうし・・・・・・・・・・・	142
孝文帝	こうぶんてい・・・・・・・・・・	114
达磨	ダルマ・・・・・・・・・・・・・	24
庾信	ゆしん・・・・・・・・・・・・・	125
杨堅	ようけん・・・・・・・・・・・・	121
李渊	りえん・・・・・・・・・・・・・	62

隋 (581-618)

杨帝	ようだい・・・・・・・・	93
魏 徴	ぎちょう・・・・・・・	107
松赞 干布	ソンツェンガンポ・・・・・・・・	90
李 世民(唐 太宗)	りせいみん・・・・・・・・・	61
玄 奘	げんじょう・・・・・・・・	117
王 维	おうい・・・・・・・・・・	103

唐 (618-907)

则天 武后	そくてんぶこう・・・・・・・・・・	127
文 成公主	ぶんせいこうしゅ・・・・・・・・	108
王 勃	おうぼつ・・・・・・・	99
刘 希夷	りゅうきい・・・・・・	68
贺 知章	がちしょう・・・・・・・	45
张 说	ちょうえつ、ちょうせつ・・・・	132
张 九令	ちょうきゅうれい・・・・・・	130
玄 宗(李隆基)	げんそう・・・・・・・	118
高 力士	こうりきし・・・・・・・・	34
吴 道子	ごとうし・・・・・・・・	109
鉴 真	がんじん・・・・・・・	51
王 翰	おうかん・・・・・・・・	101
王 之涣	おうしかん・・・・・・・・	105
孟 浩然	もうこうねん・・・・・・・・・	77
王 昌龄	おうしょうれい・・・・・・・・	100
李 白	りはく・・・・・・・・	56
崔 颢	さいこう・・・・・・・・・・	22

安 禄山	あんろくさん・・・・・・・・・・・・	8
高 适	こうてき・・・・・・・・・・・・・	34
颜 真卿	がんしんけい・・・・・・・・・・・	119
杜 甫	とほ・・・・・・・・・・・・・・・	27
岑 参	しんじん・・・・・・・・・・・・・	17
杨 贵妃	ようきひ・・・・・・・・・・・・・	120
张 继	ちょうけい・・・・・・・・・・・・	129
韦 应物	いおうぶつ・・・・・・・・・・・・	106
孟 郊	もうこう・・・・・・・・・・・・・	78
高 仙芝	こうせんし・・・・・・・・・・・・	35
韩 愈	かんゆ・・・・・・・・・・・・・・	42
白 居易	はくきょい・・・・・・・・・・・・	9
刘 禹锡	りゅううしゃく・・・・・・・・・	70
柳 宗元	りゅうそうげん・・・・・・・・・	70
贾 岛	かとう・・・・・・・・・・・・・・	51
元 稹	げんしん・・・・・・・・・・・・・	125
许 浑	きょこん・・・・・・・・・・・・・	117
杜 牧	とぼく・・・・・・・・・・・・・・	28
于 武陵	うぶりょう・・・・・・・・・・・	124
李 商隠	りしょういん・・・・・・・・・・	60
曹 松	そうしょう・・・・・・・・・・・	16
黄 巣	こうそう・・・・・・・・・・・・・	48

五代十国(907−960)

朱 全忠	しゅぜんちゅう・・・・・・・・・	138
耶律 阿保机	やりつあぼき・・・・・・・・・・	121

冯 道	ふうどう、ひょうどう・・・・・・	32

北宋(960－1126)

宋 太祖	そうのたいそ・・・・・・・・・・・	91, 134
(赵 匡胤)	(ちょうきょういん)	
范 仲淹	はんちゅうえん・・・・・・・・・・	31
包 拯	ほうじょう・・・・・・・・・・・	11
毕 昇	ひっしょう・・・・・・・・・・・	12
欧阳 修	おうようしゅう・・・・・・・・・	81
司马 光	しばこう・・・・・・・・・・・・	89
王 安石	おうあんせき・・・・・・・・・・	99
苏 轼	そしょく・・・・・・・・・・・・	92
黄 庭坚	こうていけん・・・・・・・・・・	49
徽 宗	きそう・・・・・・・・・・・・・	50
秦 桧	しんかい・・・・・・・・・・・	85
岳 飞	がくひ・・・・・・・・・・・・	126
陆 游	りくゆう・・・・・・・・・・・	72
范 成大	はんせいだい・・・・・・・・・・	30

南宋(1127－1270)

杨 万里	ようばんり・・・・・・・・・・・	121
朱 熹	しゅし・・・・・・・・・・・・	139
辛 弃疾	しんきしつ・・・・・・・・・・	115
成吉思 汗	チンギスハン(ジンギスカン)・・・	21
耶律 楚材	やりつそざい・・・・・・・・・・	121

元(1271－1368)

王 实甫	おうじつぼ・・・・・・・・・・・	103

忽 必 烈	フビライ・・・・・・・・・・・・・	47
郭 守 敬	かくしゅけい・・・・・・・・・・	40
文 天 祥	ぶんてんしょう・・・・・・・・	108
赵 孟 頫	ちょうもうふ・・・・・・・・・	134
关 汉 卿	かんかんけい・・・・・・・・・・	38
马 远	ばえん・・・・・・・・・・・・・・	75
施 耐 庵	したいあん・・・・・・・・・・・	88
刘 基	りゅうき・・・・・・・・・・・・	67

明（1368－1644）

洪 武 帝	こうぶてい・・・・・・・・・・・	45
罗 贯 中	らかんちゅう・・・・・・・・・	74
高 启	こうけい・・・・・・・・・・・・	34
方 孝 孺	ほうこうじゅ・・・・・・・・・	31
永 乐 帝	えいらくてい・・・・・・・・・	123
郑 和	ていわ・・・・・・・・・・・・・	136
王 阳 明	おうようめい・・・・・・・・・	105
吴 承 恩	ごしょうおん・・・・・・・・・	109
海 瑞	かいずい・・・・・・・・・・・・	40
李 时 珍	りじちん・・・・・・・・・・・	60
董 其 昌	とうきしょう・・・・・・・・・	26
努 尔 哈 赤	ヌルハチ・・・・・・・・・・・・	81
徐 光 启	じょこうけい・・・・・・・・・	116
孙 思 邈	そんしばく・・・・・・・・・・	94
徐 霞 客	じょかかく・・・・・・・・・・	117
李 自 成	りじせい・・・・・・・・・・・	62

黄 宗羲	こうそうぎ・・・・・・・・・・・・・・	50

清(1616-1912)

呉 三桂	ごさんけい・・・・・・・・・・・	110
顧 炎武	こえんぶ・・・・・・・・・・・・・	37
王 夫之	おうふうし・・・・・・・・・・・	101
鄭 成功	ていせいこう・・・・・・・・・	136
順 治帝	じゅんちてい・・・・・・・・・	89
蒲 松齢	ほしょうれい・・・・・・・・・	84
康 熙	こうき・・・・・・・・・・・・・・	54
雍 正帝	ようせいてい・・・・・・・・・	123
呉 敬梓	ごけいし・・・・・・・・・・・・	110
乾 隆帝	けんりゅうてい・・・・・・・・	85
曹 雪芹	そうせっきん・・・・・・・・・	16
林 則徐	りんそくじょ・・・・・・・・・	65
龔 自珍	きょうじちん・・・・・・・・・	36
曽 国藩	そうこくはん・・・・・・・・・	127
左 宗棠	さそうとう・・・・・・・・・・・	143
洪 秀全	こうしゅうぜん・・・・・・・・・・	46
李 鴻章	りこうしょう・・・・・・・・・	58
西 太后	せいたごう・・・・・・・・・・・	112
張 之洞	ちょうしどう・・・・・・・・・	132
康 有為	こうゆうい・・・・・・・・・・・	54
袁 世凱	えんせいがい・・・・・・・・・	126
詹 天祐	せんてんゆう・・・・・・・・・	128
斉 白石	せいはくせき・・・・・・・・・・	84

谭 嗣同	たんしどう・・・・・・・・・・・	96
段 祺瑞	だんきずい・・・・・・・・・・・	29
孙 中山(孙文)	そんちゅうざん・・・・・・・	95
蔡 元培	さいげんぱい・・・・・・・・・	13
章 炳麟	しょうへいりん・・・・・・・	133
光 绪帝	こうしょてい・・・・・・・・・	39
梁 启超	りょうけいちょう・・・・・・	63
黄 兴	こうこう・・・・・・・・・・・・	49
张 作霖	ちょうさくりん・・・・・・・	133
秋 瑾	しゅうきん・・・・・・・・・・	86
沈 钧儒	ちんきんじゅ・・・・・・・・	88
徐 特立	じょとくりつ・・・・・・・・	116
何 香凝	かこうぎょう・・・・・・・・・	44
陈 独秀	ちんどくしゅう・・・・・・・	18
孔 祥熙	こうしょうき・・・・・・・・・	54
鲁 迅	ろじん・・・・・・・・・・・・・	71
冯 玉祥	ふう(ひょう) ぎょくしょう・・・	32
马 寅初	ばいんしょ・・・・・・・・・・	74
汪 兆铭	おうちょうめい・・・・・・・	98
东条 英机	とうじょうひでき・・・・・・・	26
朱 德	しゅとく・・・・・・・・・・・	138
蒋 介石	しょうかいせき・・・・・・・	52
李 大钊	りたいしょう・・・・・・・・・	58
白 求恩	ベチューン・・・・・・・・・	9
郭 沫若	かくまつじゃく・・・・・・・	40

刘 伯承	りゅうはくしょう・・・・・・・・・	67
毛 泽东	もうたくとう・・・・・・・・・・・	76
宋 庆龄	そうけいれい・・・・・・・・・・・	91
宋 子文	そうしぶん・・・・・・・・・・・・	92
梅 兰芳	めいらんほう・・・・・・・・・・・	76
叶 圣陶	ようせいとう・・・・・・・・・・・	122
傅 作义	ふさくぎ・・・・・・・・・・・・・	33
徐 悲鸿	じょひこう・・・・・・・・・・・・	115
贺 龙	がりゅう・・・・・・・・・・・・・	44
彭 湃	ほうはい・・・・・・・・・・・・・	83
茅 盾	ほうじゅん・・・・・・・・・・・・	75
叶 剑英	ようけんえい・・・・・・・・・・・	122
周 恩来	しゅうおんらい・・・・・・・・・・	136
刘 少奇	りゅうしょうき・・・・・・・・・・	67
彭 德怀	ほうとくかい・・・・・・・・・・・	83
田 汉	でんかん・・・・・・・・・・・・・	98
朱 自清	しゅじせい・・・・・・・・・・・・	140
张 大千	ちょうだいせん・・・・・・・・・・	128
老 舍	ろうしゃ・・・・・・・・・・・・・	55
李 立三	りりつさん・・・・・・・・・・・・	59
聂 荣臻	じょうえいしん・・・・・・・・・・	80
张 学良	ちょうがくりょう・・・・・・・・・	131
陈 毅	ちんき・・・・・・・・・・・・・・	20
宋 美龄	そうびれい・・・・・・・・・・・・	91
巴 金	パキン・・・・・・・・・・・・・・	8

邓 小平	とうしょうへい・・・・・・・・・・・・・	25
丁 玲	ていれい・・・・・・・・・・・・・・・	26
陈 云	ちんうん・・・・・・・・・・・・・・・	21
邓 颖超	とうえいちょう・・・・・・・・・・・	25
赵 一曼	ちょういつまん・・・・・・・・・	135
爱新觉罗溥仪	あいしんかくらふぎ・・・・・・・	7,84
赵 树里	ちょうじゅり・・・・・・・・・・・	135
林 彪	りんぴょう・・・・・・・・・・・・	64
廖 承志	りょうしょうし・・・・・・・・・・	63
李 先念	りせんねん・・・・・・・・・・・・	62
曹 禺	そうぐう・・・・・・・・・・・・・	17
艾 青	がいせい・・・・・・・・・・・・・	7
钱 学森	せんがくしん・・・・・・・・・・・	85

中華民国、中華人民共和国（1912〜　）
以下 1912 年以降生まれ

聂 耳	じょうじ・・・・・・・・・・・・・	80
胡 耀邦	こようほう・・・・・・・・・・・・	47
陈 永贵	ちんえいき・・・・・・・・・・・・	21
杨 沫	ようまつ・・・・・・・・・・・・・	120
侯 宝林	こうほうりん・・・・・・・・・・・	46
赵 紫阳	ちょうしよう・・・・・・・・・・・	135
李 登辉	りとうき・・・・・・・・・・・・・	58
金 庸	きんよう・・・・・・・・・・・・・	52
朱 镕基	しゅようき・・・・・・・・・・・・	139
达赖 喇嘛	ダライラマ・・・・・・・・・・・・	24

雷　锋	らいほう・・・・・・・・・・・・・・・	56
温　家宝	おんかほう・・・・・・・・・・・・	107
胡　锦涛	こきんとう・・・・・・・・・・・・	47
翁　玉惠	ジュデイオング・・・・・・・・・・・	108
张　艺谋	チャンイーモウ・・・・・・・・・・	131
聂　卫平	じょうえいへい・・・・・・・・・・・	81
陈　凯歌	ちんがいか・・・・・・・・・・・	19
习　近平	しゅうきんぺい・・・・・・・・・・	113
邓　丽君	テレサテン・・・・・・・・・・・・	24
李　克强	りこくきょう・・・・・・・・・・・	59
成　龙	ジャッキーチェン・・・・・・・・・	22
刘　晓波	りゅうぎょうは・・・・・・・・・・	68
莫　言	ばくげん・・・・・・・・・・・・	79
陈　美龄	アグネスチャン・・・・・・・・・・	19
蔡　英文	さいえいぶん・・・・・・・・・・・	13
崔　健	さいけん・・・・・・・・・・・・	23
鞏　俐	コンリイ・・・・・・・・・・・・	36
章　子怡	チャンツィイー・・・・・・・・・・	133

・内田　稔

1937年、東京生まれ。現在、税理士法人スマッシュ経営社員税理士。名古屋華僑総会顧問、日中文化協会会員。

・鈴木　義行

1948年、静岡県袋井市生まれ。公認会計士。有限責任あずさ監査法人勤務後独立、鈴木義行事務所代表。日中文化協会会員。

中国人名小辞典

2017年7月1日発行

著　者　内田稔・鈴木義行
発行者　舟橋武志

発行所　ブックショップマイタウン
〒453・0012 名古屋市中村区井深町1・1
新幹線高架内「本陣街」2階
TEL052・453・5023　FAX0568・73・5514
URLhttp://www.mytown-nagoya.com/

諺で考える日本人と中国人 内田稔・張鴻鵬著

阿斗当官・東食西宿・金玉満堂……日本の諺にならなかった中国の諺とは。諺を通して日本人と中国人との考え方や行動の違いなどについて考える。一話読み切りで小話風に纏められており、中国語を学ぶ日本人に、あるいは日本語を学ぶ中国人には特に興味深い内容となっている。A判・162頁・1500円＋税。

随筆 日中諺・成語辞典 内田稔・張鴻鵬・鈴木義行 著

諺や成語もその語源や由来、エピソードを知ると覚えやすい。それも日中対比で書かれており、まさに「開巻有益」と言える。大きめの文字を使用しながら、中国の諺類を200以上も取り上げている。読み進むにつれて日中の歴史や文化が学べ、中国語の学習にも一役買いそう。A5判・240頁・1700円＋税。

胃袋全摘ランナー世界を走る 森久士著

「病は闘うもの」「病気は生き方を変えるまたとないチャンス」― 60を前にして突然のガン宣告。リハビリがマラソンに"転移"し、運動オンチが思いもしなかった老後に。こんな生き方、考え方があったのか。走ればガンも逃げてゆく。同病者には励ましに、モノグサのあなたも読めば走ってみたくなる（かも？）。四六判・236頁・1500円＋税。

60過ぎたらボウリング！ 還暦玉子の玉ころがし 森久士著

いまボウリング場は元気な高齢者のたまり場。大した運動量でもなく、足腰をきたえられる。仲間ができる。それに簡単なようで、なかなか奥が深い。還暦を過ぎた玉子がボウリングの魅力にとりつかれ、どう変わっていったのか。「胃袋全摘ランナー」が書いた実録風スポーツ小説。A5版・180頁・1500円＋税。

にっこり相続がっくり争続 森久士著

息子よ、大変なのは親ではない、お前たちだ。墓参の折、突然ヒシャクで二男が墓石をたたいた。こんなことが起きないよう、円満に引き継ぎたいもの。相続の成功例・失敗例、税務調査の実態なども織り交ぜながら、どうすれば得かを遺産相続コンサルタントのプロが指南する実録風税務専門小説。A5版・180頁・本体1500円＋税。